Cocinar hoy...

Verduras y ensaladas, cocina ligera, postres y dulces

OCEANO

Es una obra de

GRUPO OCEANO ─────────

Dirección General de Ediciones
Carlos Gispert

Recetas, Cocina y Estilism:
Itos Vázquez

Fotografías
Fernando Ramajo

Coordinación Editorial
Ángel de Miguel

Maquetación y Diseño
Lili Mínguez, Esther Mosteiro,
Rocío T. Notario

Portada
Gilber Schneider

© MMV EDITORIAL OCEANO
Milanesat, 21-23
EDIFICIO OCEANO
08017 Barcelona (España)
Tel.: 93 280 20 20* - Fax: 93 204 10 73
www.oceano.com
e-mail: librerias@oceano.com

ISBN: 970-777-048-1

Depósito Legal: B-8149-XLVIII

9001708010405

CORRECCIÓN DE LOS TIEMPOS DE COCCIÓN SEGÚN LA ALTITUD		
ALTITUD	TEMPERATURA DE EBULLICIÓN DEL AGUA	CORRECCIÓN POR HORA DE COCCIÓN
+1500	97° C	+3 minutos
+2000	96° C	+4 minutos
+2500	95° C	+5 minutos
+3000	94° C	+7 minutos

Nota: Estos valores son aproximados y pueden variar ligeramente debido al clima local de cada región.

INTRODUCCIÓN

*E*ste volumen, dividido en tres secciones, le mostrará en la primera y en la segunda, una serie de recetas en las que prevalece el concepto de la estética y la salud del cuerpo. Los vegetales nos proporcionan gran cantidad de vitaminas y la fibra necesaria para llevar a buen fin el proceso digestivo.

Hemos querido que usted pueda mantenerse en buena forma y pletórica de salud, sin tener que renunciar por ello a los placeres de la buena mesa.

Cuando cocine verduras y hortalizas, procure hacerlo en la olla a presión (pitadora) o en el microondas. De esta forma se conservarán intactas la mayor parte de las vitaminas.

En la tercera parte de este libro, hemos querido ayudarle a preparar esos platos que harán brillar los ojos a sus comensales, sobre todo si son niños. Me refiero claro está a los postres y los dulces. El chocolate, la leche, la harina, los huevos, el azúcar y las frutas son los seis ingredientes básicos para la elaboración de estas deliciosas recetas, en las que recomiendo utilizar las cantidades que se indican, ya que este tipo de cocina, requiere cierta precisión en las combinaciones.

Por último, hay señalar que, si vive en una región con altitud superior a los 1 000 metros, utilice la tabla de la página anterior para corregir los tiempos de cocción.

Con este libro, usted y todos los suyos disfrutarán con la cocina y tendrán a su alcance toda una fuente de salud.

Itos Vázquez

Verduras y ensaladas

Las verduras y las hortalizas constituyen un alimento sabroso y muy beneficioso para el proceso digestivo por el alto contenido de fibra que poseen. Tienen buenos niveles de aportes tanto vitamínicos como minerales que disminuyen en función de la duración del proceso de cocción. Es importante, asimismo, consumir la verdura lo más fresca posible, pues el contenido de vitaminas disminuye también en proporción al tiempo transcurrido desde su recolección. Su conservación en el frigorífico ralentiza el proceso de deterioro y la congelación lo detiene casi por completo, por lo que en el caso de no poder consumirlas muy frescas, es recomendable utilizarlas congeladas.

En la actualidad, existen en nuestros mercados numerosas verduras procedentes de otros países. Generalmente son transportadas en camiones frigoríficos, lo que permite que lleguen a nosotros en condiciones aceptables. Sin embargo, es aconsejable consumir aquéllas que se hayan cultivado en la zona en la que vivimos y que hayan madurado al sol, lo que les proporciona un sabor más acusado y agradable, y si es factible, que hayan recibido la menor cantidad posible de tratamientos químicos (pesticidas y abonos). Hoy en día es posible encontrar establecimientos que venden productos agrícolas naturales, también llamados de cultivo biológico, y que si bien su aspecto es generalmente menos atrayente son sin duda mucho más sanos y beneficiosos para nuestro organismo. Entre habitantes de las grandes ciudades con 2ª residencia en el campo, se está extendiendo la costumbre, de desarrollar pequeños huertos para utilización propia, con los beneficios que esto supone.

Para una preparación correcta de las verduras, es importante, en primer lugar, atender a una limpieza cuidadosa de las mismas, eliminando todos los restos de tierra y de productos químicos que pudiesen quedar. Finalmente, separe los tallos que no se consumen así como las partes duras y las hojas estropeadas. Ahora ya están listas para comer.

Como ya hemos mencionado, se debe cocer la verdu-

ra el menor tiempo posible, siendo recomendable que quede "al dente". La cocción con microondas es muy aconsejable por su corta duración. Igualmente es aconsejable el uso de las ollas a presión. Una vez cocinada la verdura, si necesita conservarla para más tarde, manténgala en lugar frío y recaliéntela rápidamente antes de servirla. Una excepción son las espinacas, que deberán consumirse una vez cocinadas, pues si se recalientan, desarrollan propiedades indigestas.

En cualquier caso, la forma idónea de consumir las verduras y hortalizas es en crudo, como ensaladas, con algunas excepciones como por ejemplo las judías verdes o las patatas.

Para obtener unos resultados óptimos, es necesario utilizar productos de extrema calidad. El aditamento de algún elemento proteico, como pescado, marisco, jamón o pollo, puede convertir una simple ensalada en un alimento muy completo que cubra la casi totalidad de las necesidades de nutrición del organismo humano sin contribuir a que aumente nuestro peso.

El secreto para realizar una buena ensalada es su aliño. Existen multitud de salsas para aderezar una ensalada, que se recomienda no sean excesivamente fuertes para no enmascarar los sabores de las verduras. Quizás el aliño más popular sea la simple mezcla de aceite y vinagre. El primero deberá ser de oliva, preferentemente virgen, y el segundo, de vino y de la mayor calidad posible. Dice el dicho popular que para aderezar correctamente una ensalada hacen falta tres personas: un pródigo para utilizar el aceite, un avaro para el vinagre y un loco para removerla.

Aparte del aceite de oliva y el vinagre de vino, que puede ser de Jerez o de otro tipo, existen otras posibilidades a la hora de aliñar una ensalada.

En el campo de los aceites, tenemos el de girasol, que se obtiene prensando en frío las semillas de esta planta; tiene un gran valor nutritivo y su sabor es suave.

El aceite de cártamo, procedente de una planta parecida al cardo es de un color dorado oscuro y contien gran cantidad de ácidos grasos esenciales. Su sabor tiene un gusto ligeramente acidulado.

El aceite de soja, que se obtiene de la judías de soja y es casi incoloro y de sabor casi neutro.

El aceite de cacahuete se caracteriza por tener un sabor bastante acentuado.

El de maíz, con alto contenido en vitaminas E y B, y al igual que el germen de trigo, con propiedades dietéticas. Este último posee un paladar característico muy agradable. Finalmente el aceite de nueces, que se obtiene prensando éstas en frío y tiene un gran valor nutritivo y un exquisito aroma.

En cuanto a los vinagres, aparte del de Jerez y del de vino, debemos mencionar el balsámico, de procedencia italiana, que necesita un prolongado período de en-

TABLA DE NUTRICIÓN

COMPOSICIÓN POR 100 g DE ALIMENTO	CALORÍAS	GRASAS g	PROTEÍNAS g	CALCIO mg	HIERRO mg	Vit. A u.i	Vit. B_1 mg	Vit. B_2 mg	Vit. B_3 mg	Vit. C mg
Acelgas	21	0,3	2	100	2,5	2 800	0,05	0,06	0,4	35
Alcachofa	15	0,2	3	50	1,5	280	0,2	0,01	0,8	5
Coliflor	18	0,3	3	25	1	100	0,15	0,10	0,6	75
Espinacas	25	0,3	2,3	80	3	10 000	0,1	0,2	1	50
Judías verdes	14	0,3	2,4	56	1	500	0,08	0,1	0,5	15
Lechuga	18	0,2	1,3	30	0,8	2 000	0,04	0,08	0,2	18
Pimiento	35	0,3	1,4	8	0,7	1 000	0,07	0,08	1	100
Repollo	21	0,2	1,6	50	0,4	100	0,07	0,05	0,3	50
Tomate	18	0,3	1,1	11	0,6	1 000	0,07	0,04	0,5	20
Zanahoria	25	0,2	1,5	40	0,7	10 000	0,06	0,04	0,7	5

vejecimiento y alcanza un precio elevado, pero que requiere tan sólo unas gotas para aromatizar una ensalada. También se utiliza el de manzana, que a veces se elabora a partir de la sidra; el de malta, producido a partir de la cebada, y finalmente el de aguardiente, que se obtiene a partir de trigo o patata y que en muchos casos se usa para mezclar con otros vinagres y obtener otros de inferior calidad y precio.

Otro detalle a tener en cuenta en la preparación de las ensaladas es su presentación. Qué duda cabe que un bonito aspecto y terminación hacen más atrayente cualquier plato, y las ensaladas se prestan a ello por la versatilidad y el colorido de sus ingredientes, pudiendo realizarse verdaderas obras de arte que adornarán exquisitamente su mesa y propiciarán el apetito de todos comensales.

En las páginas que siguen podrá encontrar un buen número de recetas, tanto de verduras como de ensaladas, que pueden contribuir a dar una agradable variedad a su cocina y fomentar el consumo de estos recomendables ingredientes.

En la página anterior ofrecemos una tabla de nutrición con la composición de las verduras más comunes así como su aporte calórico.

Las mejores recetas

Ensalada de endibias y maíz

Ingredientes para 4 personas:
3 endibias (achicorias)
200 g de champiñones (hongos, setas)
El zumo (jugo) de 1 limón
200 g de granos de maíz (choclo, elote) congelados
1 cebolleta (cebolla larga) picada
Un manojito de hierbabuena picada
1 cucharada de mostaza
5 cucharadas de aceite
2 cucharadas de vinagre
Sal

Separe las hojas de endibia, lávelas bien, reserve algunas para decorar y pique las restantes.

A continuación, retire la parte terrosa de los champiñones, lávelos bien, córtelos en láminas y rocíelos con el zumo de limón para que no se ennegrezcan.

Seguidamente, cocine los granos de maíz en agua hirviendo con sal durante 5 minutos. Cuélelos y déjelos enfriar.

Mientras tanto, vierta en un cuenco la mostaza, el aceite, el vinagre y un poco de sal. Bata bien todos los ingredientes para que se mezclen los sabores y resérvelos.

Por último, vierta en una ensaladera las endibias picadas, los champiñones, el maíz, la cebolleta y la hierbabuena. Rocíe la ensalada con la salsa preparada, mezcle todo bien y sírvala decorándola con las hojas de endibia reservadas.

Tiempo de realización: 20 minutos   Calorías por ración: 211

Ensalada de remolacha

Ingredientes para 4 personas:
400 g de remolacha (betabel, beterraba) cocida
1 manzana ácida
1 cebolla
1 zanahoria
6 rabanitos
Un manojito de brotes de cebollino
1 cucharada de miel
1 yogur natural
2 cucharadas de vinagre
1/2 cucharadita de cominos molidos
Sal y pimienta

Pele las remolachas y córtelas en dados. Pele la manzana y córtela en trocitos. Pique la cebolla, raspe la zanahoria, córtela en tiritas finas y finalmente corte los rabanitos en rodajas y pique los brotes de cebollino.

Una vez preparados los ingredientes, viértalos en una ensaladera y resérvelos.

A continuación, ponga en un cuenco la miel, el yogur, el vinagre, los cominos y sal y pimienta. Bátalos para que queden bien mezclados los sabores y vierta este aderezo sobre la ensalada.

Por último, revuelva todo bien con cuidado y refrigere la ensalada durante 20 minutos antes de servir.

Si el aderezo le queda muy espeso, puede aclararlo con un chorrito de leche

Corona de coliflor

Ingredientes para 6 personas:

- ✓ 500 g de coliflor
- ✓ 4 huevos
- ✓ 2 cucharadas de queso rallado
- ✓ Una pizca de nuez moscada
- ✓ 250 ml de nata (crema de leche) líquida
- ✓ 1 cucharada de mantequilla
- ✓ Salsa de tomate (jitomate)
- ✓ Sal y pimienta

1

Separe la coliflor en ramitos (1), lávelos bien y cocínelos en una cacerola en agua con sal hasta que la coliflor esté tierna. Retire la cacerola del fuego y escurra bien la coliflor.

A continuación, aplaste la coliflor ligeramente con un tenedor sin que llegue a convertirse totalmente en puré. Agréguele los huevos batidos, el queso, la nuez moscada y sal y pimienta. Añada la nata (2) y revuelva bien para que la mezcla quede homogénea.

2

Seguidamente, ponga el preparado en un molde de corona, engrasado con mantequilla (3) y cocínelo al baño María en el horno, precalentado a 180° C (350° F), durante 45 minutos o hasta que esté cuajado.

3

Por último, desmolde la corona de coliflor sobre una fuente de servir redonda. Caliente la salsa de tomate, viértala en el centro de la corona, decórela al gusto y sírvala.

| Tiempo de realización: 1 hora 20 minutos | Calorías por ración: 290 |

Sopa de pepino al curry

Ingredientes para 4 personas:
1 pepino (cohombro) pelado y picado
500 ml de caldo de verduras
3 cebolletas (cebolla larga) picadas
2 yogures naturales descremados
1 taza de leche descremada
2 cucharaditas de curry en polvo
1 cucharadita de perejil picado
Un poco de paprika (opcional)
Sal y pimienta blanca molida

Caliente el caldo en una cacerola al fuego. Agréguele el pepino y las cebolletas y cocínelos durante 10 minutos. Retire con una espumadera un poco de pepino y de cebolletas para la decoración y pase el resto junto con el caldo por una batidora potente hasta obtener una crema homogénea.

A continuación, agregue los yogures, la leche y el curry. Sazone con sal y pimienta y bata de nuevo. Introduzca la sopa en el frigorífico hasta la hora de servirla.

Por último, retire la sopa del frigorífico, agréguele el pepino y la cebolleta reservados, espolvoree por encima el perejil y la paprika, y sírvala.

Puede preparar unas tostaditas, untarlas con un queso blando y servirlas de acompañamiento.

Tiempo de realización: 20 minutos	Calorías por ración: 78

Pastel de verduras y cangrejos

Ingredientes para 4 personas:
350 g de verduras variadas cortadas en juliana
4 huevos
250 ml de nata (crema de leche) líquida
Una pizca de nuez moscada
12 cangrejos de río cocidos
1 cucharadita de mantequilla
Sal y pimienta

Para la salsa:
1 1/2 cucharadas de mantequilla
1 1/2 cucharadas de harina
2 cucharadas de nata (crema de leche) líquida
2 cucharadas de vino blanco seco
1 taza del caldo de cocción de los cangrejos
Sal y pimienta

Cocine las verduras en agua hirviendo con sal, durante 15 minutos.

Mientras tanto, bata los huevos junto con la nata y pique 8 colas de cangrejo, reservando los restantes enteros.

A continuación, cuele las verduras y mézclelas con los huevos batidos con la nata. Agregue los cangrejos picados y condimente todo con la nuez moscada, sal y pimienta.

Seguidamente, vierta la mezcla en un molde rectangular, previamente engrasado con la mantequilla y cocine en el horno, al baño María, durante 40 o 45 minutos, hasta que esté bien cuajado.

Para preparar la salsa, derrita la mantequilla en un cazo al fuego, agréguele la harina, revuelva todo bien e incorpore, poco a poco, la nata, el vino y el caldo. Cocine la salsa a fuego lento hasta que espese ligeramente y sazónela con sal y pimienta.

Por último, desmolde el pastel, vierta la salsa sobre él y decore con los cangrejos reservados.

Tiempo de realización: 1 hora 15 minutos   Calorías por ración: 440

Ensalada de palmitos

Ingredientes para 4 personas:

1 lata de palmitos cortados en rodajas
1 lechuga pequeña
1 aguacate (avocado, palta)
1 cebolla morada pequeña
2 huevos
El zumo (jugo) de 1 limón
5 cucharadas de aceite
2 cucharadas de vinagre
Un manojito de hinojo picado
2 cucharadas de nueces picadas
Sal y pimienta

Cocine los huevos en agua hirviendo con sal durante 10 minutos y mientras tanto, limpie bien la lechuga y píquela.

A continuación, pele el aguacate, retire el hueso y córtelo en tiras en sentido longitudinal. Rocíelo con el zumo de limón para que no se ennegrezca y corte la cebolla en rodajas finas.

Seguidamente, vierta todos los ingredientes preparados en una ensaladera. Pele los huevos, córtelos en rodajas y añádalos a la ensalada junto con los palmitos.

Por último, mezcle el aceite con el vinagre y sal y pimienta. Espolvoree la ensalada con el hinojo y las nueces, rocíela con el aderezo preparado y sírvala.

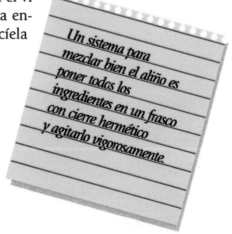

Un sistema para mezclar bien el aliño es poner todos los ingredientes en un frasco con cierre hermético y agitarlo vigorosamente.

Tiempo de realización: 20 minutos	Calorías por ración: 242

Crema de tomate

Ingredientes para 4 personas:
500 g de tomates (jitomates) pelados y picados
4 cucharadas de aceite
1 diente de ajo picado
1 cebolla mediana, picada
1 pimiento (pimentón) rojo de lata, picado
1 l de caldo de pollo
100 g de jamón serrano picado
200 g de granos de maíz (choclo, elote) cocidos
4 cucharadas de nata (crema de leche) líquida
1 cucharada de perejil picado
Sal

Caliente el aceite en una sartén al fuego y rehogue el ajo y la cebolla hasta que estén transparentes. Agregue los tomates y cocínelos durante 10 minutos. Incorpore el pimiento y cocine todo durante 2 o 3 minutos más.

A continuación, vierta el preparado anterior en una batidora y bata hasta obtener un puré homogéneo.

Seguidamente, ponga el puré en una olla, agréguele el caldo, el jamón y el maíz y cocínelo a fuego lento durante 15 minutos.

Por último, sazónelo con sal y pimienta y repártalo en 4 cuencos de servir. Bata ligeramente la nata y ponga 1 cucharada en el centro de cada plato. Espolvoree por la superficie el perejil picado y sirva la crema tibia o fría, al gusto.

Tiempo de realización: 40 minutos   Calorías por ración: 322

Ensalada catalana

Ingredientes para 4 personas:

✓ 2 berenjenas
✓ 3 pimientos (pimentones) verdes
✓ 2 cebollas peladas
✓ 6 alcachofas (alcauciles)
✓ 4 tomates (jitomates) pelados
✓ El zumo (jugo) de 2 limones
✓ 2 dientes de ajo
✓ 1 cucharada de alcaparras
✓ 1 cucharada de perejil picado
✓ 4 cucharadas de aceite
✓ 4 huevos duros
✓ Sal y pimienta blanca

Coloque las berenjenas, los pimientos y las cebollas en una fuente refractaria e introdúzcala en el horno, precalentado a 180° C (350° F), durante 10 minutos. Retire la fuente del horno, pele las verduras y córtelas en tiras no demasiado finas (1).

Mientras tanto, retire las hojas exteriores de las alcachofas, frótelas con las cáscaras de los limones para que no ennegrezcan y cocínelas en agua con sal y un poco de zumo de limón, hasta que estén tiernas. Escúrralas bien y reserve.

Corte los tomates (2) y las alcachofas en 4 trozos y resérvelos.

Seguidamente, ase los ajos y macháquelos en el mortero junto con las alcaparras, el perejil y sal y pimienta. Agregue el aceite, poco a poco, revolviendo hasta que todo esté bien mezclado y añada el zumo de limón.

Pele los huevos duros y pique por separado las yemas de las claras.

Por último, coloque en una fuente todas las verduras, alternando los colores y riéguelas con la salsa de ajos y alcaparras. Vierta los huevos picados (3) entre cada verdura y decore con tomatitos y escarola o al gusto.

Tiempo de realización: 45 minutos	Calorías por ración: 259

Champiñones rellenos

Ingredientes para 4 personas:
20 champiñones (hongos, setas) medianos
1 filete de lenguado o cualquier otro pescado blanco
1 cucharada colmada de harina
2 cucharadas de mantequilla
1 taza de leche
2 cucharadas de tomate (jitomate) frito
1 cucharada de perejil picado
50 g de queso rallado
Sal y pimienta

Lave y seque el pescado, sálelo ligeramente y cocínelo a la plancha, vuelta y vuelta. Retírelo de la plancha y desmenúcelo.

A continuación, derrita 1 cucharada de mantequilla en una sartén, añádale la harina, sofríala ligeramente, e incorpore la leche, poco a poco, pero sin dejar de revolver con una cuchara de madera, hasta obtener una bechamel. Sazónela con sal y pimienta al gusto y agréguele el pescado desmenuzado, el tomate frito y el perejil. Mezcle todo muy bien y mantenga la bechamel al calor para que no se endurezca.

Seguidamente, retire los pedúnculos de los champiñones, dejando sólo los sombreros, y lávelos muy bien quitando todo resto de tierra. Engrase una fuente de horno con la mantequilla restante y coloque en ella los champiñones con la cazoleta hacia arriba.

Por último, rellene los champiñones con la bechamel de pescado preparada de modo que queden bien llenos. Reparta el queso rallado sobre ellos y póngales encima un poquito de mantequilla. Introdúzcalos en el horno, precalentado a 165° C (325° F), durante 20 minutos y otros 5 minutos más con el horno a 190° C (375° F). Sírvalos bien calientes decorándolos al gusto.

Tiempo de realización: 1 hora   Calorías por ración: 162

Aspic de tomate

Ingredientes para 6 personas:
750 g de tomates (jitomates) bien maduros y rojos
1/2 limón pelado y sin semillas
Unas hojitas de hierbabuena
500 ml de caldo
25 g de gelatina en polvo
Sal y pimienta

Ponga una cacerola al fuego con agua y cuando comience a hervir, escalde los tomates. Retírelos y pélelos. Córtelos en trocitos, viértalos en una batidora junto con el limón y las hojitas de hierbabuena y bata hasta obtener una crema homogénea. Cuélela para desechar todas las semillas que pudiera tener y mezcle la crema con el caldo.

A continuación, disuelva la gelatina en un poquito de agua e incorpórela al preparado anterior. Sazone todo con sal y pimienta y mézclelo bien.

Seguidamente, vierta la crema de tomate en un molde de corona e introdúzcalo en el frigorífico durante 6 horas o hasta que esté completamente cuajado.

Por último, desmóldelo sobre una fuente, decórelo al gusto y sírvalo con ensalada verde o de patatas.

Las recetas con gelatina conviene prepararlas de un día para otro.

Tiempo de realización: 20 minutos   Calorías por ración: 72

Ensalada de garbanzos

Ingredientes para 4 personas:
200 g de garbanzos puestos en remojo el día anterior
1 hoja de laurel
2 cebollas
3 huevos
3 tomates (jitomates) maduros pero firmes
1 diente de ajo
10 cucharadas de aceite
3 cucharadas de vinagre
1 cucharada de perejil picado
1 cucharadita de orégano picado
Sal

Escurra los garbanzos, lávelos y póngalos en una olla con agua hirviendo. Agregue el laurel, 1 cebolla pelada y sal y cocínelos a fuego lento durante 2 horas o hasta que estén tiernos. Cuélelos y déjelos enfriar.

Mientras tanto, cocine los huevos en agua durante 10 minutos, refrésquelos sumergiéndolos en agua fría, pique 2 finamente y el tercero córtelo en gajos para la decoración.

A continuación, pique la cebolla restante y los tomates en trocitos pequeños y viértalos en una ensaladera. Agrégueles los huevos picados, el perejil y el orégano y resérvelos.

Seguidamente, bata en un cuenco el aceite junto con el vinagre y sal.

Por último, cuando los garbanzos cocinados estén fríos, añádalos a la ensaladera. Mezcle todo bien, rocíe con el aderezo y revuelva todo con cuidado. Decore la ensalada con el huevo duro reservado o al gusto y sírvala.

Nota: Esta ensalada también puede prepararla utilizando garbanzos cocidos. Así ganará tiempo.

Tiempo de realización: 2 horas 20 minutos   Calorías por ración: 308

Budín de pimientos

Ingredientes para 4 personas:
4 pimientos (pimentones) rojos, asados y pelados
4 huevos
200 ml de nata (crema de leche) líquida
2 cucharadas de aceite
1 diente de ajo picado
1 cebolla picada
1 zanahoria picada
200 g de tomate (jitomate) natural triturado
Una pizca de nuez moscada
1 cucharadita de albahaca
Sal y pimienta

Para la decoración:
1 pimiento (pimentón) rojo de lata
50 g de aceitunas (olivas) verdes rellenas de pimiento

Vierta los pimientos en una batidora junto con los huevos y la nata. Sazone con sal y pimienta y bata hasta que la mezcla esté homogénea.

A continuación, viértala en un molde alto y cocínela en el horno al baño María durante 30 minutos, hasta que esté bien cuajada.

Mientras tanto, caliente al aceite en una sartén y rehogue el ajo, la cebolla y la zanahoria durante 5 minutos. Agregue el tomate, la nuez moscada y la albahaca. Sazone todo con sal y pimienta y cocínelo a fuego lento durante 20 o 25 minutos. Pase la salsa obtenida por el pasapurés y resérvela.

Por último, desmolde el budín y vierta la salsa de tomate por encima. Decore la superficie con el pimiento rojo cortado en tiras y las aceitunas y sírvalo.

Tiempo de realización: 40 minutos   Calorías por ración: 316

Cuajado de berenjenas

Ingredientes para 4 personas:

✓ *1 kg de berenjenas*
✓ *100 g de mantequilla*
✓ *1 cebolla picada*
✓ *3 tomates (jitomates) pelados, sin semillas y picados*
✓ *100 g de jamón serrano picado*
✓ *2 huevos batidos*
✓ *3 cucharadas de pan rallado*
✓ *Sal*

1

Pele las berenjenas, córtelas en trozos y cocínelas en una olla con agua y sal hasta que estén tiernas. Viértalas en un escurridor (1) apretando con las manos para que suelten todo el agua, póngalas en un recipiente y tritúrelas hasta formar un puré.

A continuación, caliente la mantequilla en una sartén al fuego y fría la cebolla y los tomates durante 5 minutos. Incorpore el jamón, mézclelo y añada el puré de berenjenas (2). Cocine todo sin dejar de revolver, durante unos minutos. Apártelo del fuego y añádale los huevos y 2 cucharadas de pan rallado.

2

Por último, vierta el preparado en un molde engrasado (3), espolvoréela con el pan rallado restante e introduzca el molde en el horno, precalentado a 180° C (350° F), hasta que el preparado esté cuajado y la superficie dorada.

3

| Tiempo de realización: 1 hora | Calorías por ración: 408 |

Ensalada de pasta

Ingredientes para 4 personas:
250 g de pasta en forma de caracolas o lazos
150 g de langostinos pelados
150 g de atún en aceite
1 cebolleta (cebolla larga) picada
2 tomates (jitomates) picados
4 cucharadas de aceite
3 cucharadas de vinagre
1 cucharada de perejil picado
Sal

Ponga al fuego una cacerola con agua y cuando rompa a hervir, agregue sal y 1 cucharada de aceite. Incorpore a la cacerola la pasta y cocínela durante 10 o 12 minutos hasta que esté "al dente". Cuele la pasta, pásela por un chorro de agua fría, escúrrala bien y viértala en una ensaladera.

Mientras tanto, cocine los langostinos en agua hirviendo, durante 2 minutos.

A continuación, vierta el atún en la ensaladera junto con la cebolleta, los tomates y los langostinos cocinados.

Seguidamente, aliñe la ensalada con el aceite, el vinagre y la sal. Revuelva todo bien, espolvoree por encima el perejil y sirva la ensalada.

Conviene aliñar las ensaladas de pasta antes de que se enfríen completamente, para que la pasta no se pegue.

Tiempo de realización: 15 minutos	Calorías por ración: 337

Patatas aliñadas

Ingredientes para 6 personas:
1 kg de patatas (papas)
1 cebolla picada
2 tomates (jitomates) cortados en daditos
2 pimientos (pimentones) verdes cortados en daditos
100 ml de aceite
2 cucharadas de vinagre
Sal

Pele las patatas, córtelas en trozos regulares y cocínelas en agua hirviendo con sal durante 20 minutos o hasta que estén tiernas. Escúrralas y déjelas enfriar.

A continuación, cuando las patatas estén frías, viértalas en una fuente de servir. Añádales la cebolla, los tomates y los pimientos y revuelva todo bien.

Por último, mezcle el aceite con el vinagre y sal al gusto. Rocíelos sobre la ensalada, revuelva todo bien y sirva las patatas decorándolas al gusto.

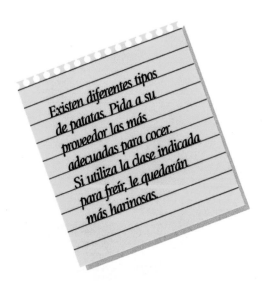

Existen diferentes tipos de patatas. Pida a su proveedor las más adecuadas para cocer. Si utiliza la clase indicada para freír, le quedarán más harinosas.

Tiempo de realización: 40 minutos	Calorías por ración: 267

Pimientos rellenos

Ingredientes para 4 personas:
12 pimientos (pimentones) rojos en conserva
200 ml de aceite
1 cebolla grande, picada
2 dientes de ajo picados
250 g de carne picada de añojo (ternera)
250 g de carne picada de cerdo (cochino, chancho)
1 vasito de vino blanco
1 rebanada de pan mojada en leche
Harina
2 huevos
Aceite para freír
2 tomates (jitomates) maduros, pelados y troceados
1 taza de caldo
Sal

Caliente la mitad del aceite en una sartén y sofría la mitad de la cebolla y 1 ajo hasta que se doren. Añada las carnes, sofríalas y cuando estén doradas, incorpore el vino, el pan escurrido y sal. Mezcle todo bien y resérvelo.

A continuación, escurra los pimientos. Reserve uno para la salsa y rellene los restantes con el preparado anterior. Pase los pimientos por harina y los huevos batidos, fríalos y colóquelos en una fuente de horno.

Seguidamente, caliente el aceite restante y sofría la cebolla y el ajo reservados. Agrégueles los tomates, el pimiento picado y el caldo y cocine todo durante 15 minutos. Rectifique la sazón y vierta la salsa preparada sobre los pimientos rellenos.

Por último, introduzca la fuente en el horno, precalentado a 180° C (350° F) durante 15 minutos. Retire la fuente del horno y sirva los pimientos bien calientes.

Tiempo de realización: 1 hora   Calorías por ración: 580

Ensalada de berberechos y berros

Ingredientes para 4 personas:
750 g de berberechos (chipi-chipi)
1 manojo grande de berros
1 cebolleta (cebolla larga) picada
2 huevos duros, picados
1 cucharada de perejil picado
4 cucharadas de aceite
1 cucharada de vinagre
Sal y pimienta negra

Ponga los berberechos en un cuenco. Cúbralos con agua y sal y déjelos durante 1 o 2 horas para que suelten la arena. Lávelos bien bajo un chorro de agua fría y escúrralos.

A continuación, póngalos en una sartén grande al fuego y cocínelos hasta que se abran. Retírelos del fuego, deseche los que no se hayan abierto y sepárelos de las valvas, dejando algunos con ellas para la decoración.

Seguidamente, lave bien los berros, retirando la parte terrosa, viértalos en una ensaladera junto con los berberechos y espolvoree por encima la cebolleta, los huevos picados y el perejil.

Por último, mezcle en un cuenco el aceite, el vinagre y sal y pimienta al gusto. Rocíe el aliño por encima de la ensalada, decórela con los berberechos reservados y sírvala.

Tiempo de realización: 20 minutos   Calorías por ración: 276

Boladillos de espinacas

Ingredientes para 6 personas:

✓ 2 tazas de espinacas cocidas, escurridas y picadas
✓ 2 cucharadas de margarina derretida
✓ 2 huevos
✓ 2 tazas de pan rallado
✓ 2 cucharadas de cebolla picada
✓ 2 cucharadas de queso de bola rallado
✓ Nuez moscada
✓ Sal y pimienta
✓ Aceite para freír

Ponga en un recipiente las espinacas picadas junto con la margarina, 1 huevo, 1 taza de pan rallado, la cebolla y el queso **(1)**. Sazone con nuez moscada, sal y pimienta y mezcle todo bien.

Seguidamente, prepare unas bolas con las manos y páselas por el pan rallado, a continuación por el huevo, previamente batido, y de nuevo por pan rallado **(2)**.

Por último, caliente abundante aceite en una sartén, fría los boladillos hasta que estén bien dorados **(3)** y sírvalos bien calientes decorándolos al gusto.

| Tiempo de realización: 15 minutos | Calorías por ración: 353 |

44

Menestra

Ingredientes para 6 personas:
300 g de habas (fabas frescas) desgranadas
500 g de alcachofas (alcauciles) tiernas
12 cebollitas muy pequeñas
250 g de judías verdes (ejotes, habichuelas)
250 g de guisantes (arvejas, chícharos)
300 g de zanahorias
200 g de coles de Bruselas
500 g de patatas (papas)
8 cucharadas de aceite
1 cebolla picada
2 dientes de ajo
1 cucharada de perejil picado
1 copa de vino blanco
1 cucharada de harina
Sal

Limpie todas las verduras, pélelas y trocéelas excepto las cebollitas, que deberá dejar enteras.

A continuación, caliente el aceite en una cacerola grande y rehogue la cebolla picada hasta que esté transparente. Incorpore las verduras preparadas y mezcle todo bien.

Seguidamente, machaque en el mortero los ajos y el perejil. Dilúyalos con el vino y agréguelos a las verduras. Espolvoree la harina sobre las verduras, revuelva todo con una cuchara de madera y cúbralo con agua. Sale y cocine a fuego muy lento hasta que todas las verduras estén tiernas.

Por último, pruebe la menestra, rectifique la sazón si fuera necesario y sírvala bien caliente sola o acompañada de huevos escalfados.

Tiempo de realización: 1 hora   Calorías por ración: 367

Envueltos con queso

Ingredientes para 4 personas:

350 g de queso fresco (quesito)
1 huevo
8 hojas de repollo (col) cocinadas en agua con sal
4 cucharadas de leche
1/2 taza de caldo
4 cucharadas de pan rallado
4 cucharadas de queso Emmenthal (de prensa) rallado
4 cucharadas de tomate (jitomate) frito
Sal y pimienta

Desmenuce el queso fresco en un plato, añádale el huevo y mézclelos hasta formar una masa.

A continuación, extienda las hojas de repollo cocinadas y escurridas sobre una superficie plana y reparta la mezcla de queso y huevo preparada colocándola en el centro de las hojas. Dóblelas envolviendo la masa y forme 8 paquetitos.

Seguidamente, colóquelos en una cacerola cuidándose de poner los dobleces hacia abajo para evitar que se abran y se salga el relleno durante la cocción. Vierta por encima la leche, el caldo, el pan y el queso rallados y el tomate frito. Sazone con sal y pimienta al gusto y cocine a fuego lento durante 15 minutos.

Por último, retírelos del fuego y sírvalos bien calientes acompañados de arroz blanco.

Si quiere asegurarse de que los envueltos no se abran, sujételos con un palillo.

Tiempo de realización: 30 minutos   Calorías por ración: 265

Berenjenas con gambas

Ingredientes para 4 personas:

500 g de berenjenas
Harina para enharinar
Aceite para freír
250 g de gambas (camarones)
150 ml de agua
2 cucharadas de mantequilla
1 cucharada de harina
200 ml de leche
50 g de jamón serrano picado
2 cucharadas de queso rallado
Sal y pimienta blanca molida

Lave las berenjenas, séquelas con papel absorbente y córtelas en rodajas. Enharínelas y fríalas en una sartén con aceite caliente. Retírelas y déjelas escurrir sobre papel absorbente.

A continuación, pele las gambas y cocine las cáscaras en el agua con un poquito de sal, durante 5 minutos. Cuele el caldo obtenido y resérvelo.

Seguidamente, derrita la mantequilla en una sartén, añada la harina y sofríala ligeramente. Incorpore el caldo reservado y la leche, poco a poco, y cocine revolviendo con una cuchara de madera hasta que la salsa espese. Rectifique la sazón.

Por último, coloque las berenjenas en una fuente refractaria. Cúbralas con las gambas y el jamón picado y vierta por encima la salsa preparada. Espolvoree por encima el queso, introduzca la fuente en el horno, precalentado a 180° C (350° F), hasta que la superficie esté dorada y sírvalas bien calientes.

Tiempo de realización: 45 minutos   Calorías por ración: 276

Guisantes con cebollitas

Ingredientes para 4 personas:
300 g de guisantes (arvejas, chícharos) congelados
250 g de cebollitas francesas (chalotes, escalonias)
1 cogollo de lechuga cortado en juliana
2 cucharadas de mantequilla
1 ramita de hierbabuena picada
1 huevo duro picado
Sal

Cocine las cebollitas en una cacerola con agua hirviendo y sal, durante 20 minutos.

A continuación, añada a la cacerola los guisantes y la lechuga y cocine todo junto a fuego lento hasta que los guisantes estén tiernos. Escurra el líquido de cocción y reserve las verduras.

Seguidamente, caliente la mantequilla en una sartén y vierta en ella las verduras reservadas y la hierbabuena. Rehogue todo junto durante 2 o 3 minutos y rectifique la sazón.

Por último, vierta el preparado en una fuente de servir, espolvoree por encima el huevo picado y sírvalo bien caliente.

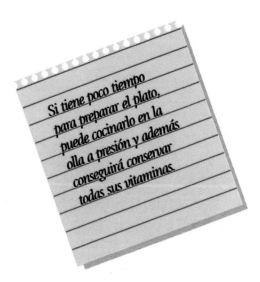

Si tiene poco tiempo para preparar el plato, puede cocinarlo en la olla a presión y además conseguirá conservar todas sus vitaminas.

Tiempo de realización: 45 minutos	Calorías por ración: 121

Pipirrana

Ingredientes para 4 personas
✓ 250 g de bacalao seco salado
✓ 3 dientes de ajo
✓ 1 lechuga
✓ 1 pepino (cohombro) parcialmente pelado
✓ 2 pimientos (pimentones) verdes
✓ 2 tomates (jitomates) rojos
✓ El zumo (jugo) de 1/2 limón
✓ 4 cucharadas de aceite
✓ 100 g de aceitunas (olivas) negras
✓ Sal

1

Limpie bien el bacalao quitándole toda la piel y las espinas. Desmenúcelo y póngalo en remojo en un cuenco con abundante agua, durante 2 o 3 horas.

Mientras tanto, pele los ajos y áselos enteros en una parrilla. Lave bien la lechuga, píquela y viértala en una ensaladera. Corte el pepino en cuartos en sentido longitudinal y trocéelo (1).

2

A continuación, corte los pimientos y los tomates en dados y viértalos, junto con el pepino, en la ensaladera (2).

Seguidamente, escurra bien el bacalao con las manos e incorpórelo a la ensalada. Sazónela ligeramente y alíñela con el zumo de limón y el aceite (3).

Por último, decore la superficie con las aceitunas y sirva la pipirrana.

3

Tiempo de realización: 40 minutos	Calorías por ración: 204

Habas con mejillones

Ingredientes para 4 personas:
600 g de habas (fabas frescas) congeladas, sin piel
2 kg de mejillones (choros, moule)
2 cucharadas de mantequilla
1 diente de ajo picado
1 cebolla pequeña, picada
1/2 vaso de vino blanco, seco
3 cucharadas de nata (crema de leche) líquida
1 cucharada de perejil picado
Sal

Caliente agua en una cacerola y cuando rompa a hervir, agregue sal y vierta las habas. Cocínelas durante 20 minutos. Retírelas del agua y resérvelas aparte.

Mientras tanto, limpie muy bien los mejillones, raspándolos bajo un chorro de agua fría para quitar toda la suciedad que puedan tener adherida. Póngalos en una cazuela al fuego y cuando estén abiertos, retire las valvas y reserve los mejillones.

A continuación, caliente la mantequilla en una sartén al fuego y rehogue el ajo y la cebolla. Cuando estén transparentes, incorpore las habas, el vino y la nata y cocínelas durante 5 minutos.

Seguidamente, incorpore el perejil y los mejillones reservados. Revuelva todo bien, tape la sartén y cocine 2 minutos.

Por último, retire del fuego, deje reposar unos minutos y sirva.

Tiempo de realización: 30 minutos	Calorías por ración: 310

Mousse de brécol

Ingredientes para 4 personas:
300 g de brécol (brócoli)
3 huevos
250 ml de nata (crema de leche) líquida
Una pizca de nuez moscada
1 taza de bechamel clarita
Sal y pimienta

Separe el brécol en ramitos, lávelo y cocínelo en agua hirviendo con sal, durante 15 o 20 minutos. Escúrralo bien, reserve unos 50 g y vierta el brécol restante en una batidora.

A continuación, añada los huevos y la nata y bata todo junto hasta formar un puré. Condiméntelo con nuez moscada, sal y pimienta, y vierta el preparado en un molde rectangular previamente engrasado.

Seguidamente, introduzca el molde en el horno, precalentado a 180° C (350° F), y cocine la mousse al baño María durante 1 hora o hasta que esté cuajada.

Mientras tanto, bata la bechamel con el brécol reservado y caliente la crema obtenida.

Por último, desmolde la mousse, cúbrala con la crema de brécol y sírvala decorándola al gusto.

NOTA: Puede acompañar la mousse con unas tiras de pan frito.

Tiempo de realización: 1 hora 30 minutos   Calorías por ración: 346

Crema de coliflor

Ingredientes para 4 personas:
300 g de coliflor cortada en ramitos
2 cucharadas de mantequilla
1 cebolla mediana, picada
1 patata (papa) cortada en rodajas finas
500 ml de agua
2 clavos de olor machacados
250 ml de leche
1 cucharadita de perejil picado
Sal y pimienta

Caliente la mantequilla en una cacerola y rehogue la cebolla y la patata durante unos minutos.

A continuación, agregue el agua, los clavos de olor y sal y pimienta. Deje que el agua rompa a hervir e incorpore la coliflor a la cacerola. Cocine a fuego medio hasta que la coliflor esté tierna.

Seguidamente, sepárela del fuego, retire unos ramitos con una espumadera, resérvelos para la decoración y vierta todo en la batidora. Bátalo hasta obtener una crema homogénea, incorpórele la leche, bata la mezcla de nuevo y vierta la crema en la cacerola.

Por último, caliente la crema unos minutos, añádale los ramitos de coliflor reservados, espolvoréela con el perejil y sírvala caliente.

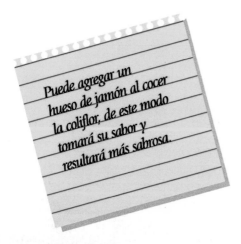

Puede agregar un hueso de jamón al cocer la coliflor, de este modo tomará su sabor y resultará más sabrosa.

Tiempo de realización: 1 hora   Calorías por ración: 130

Ensalada de arroz

Ingredientes para 4 personas:
250 g de arroz de grano largo
1 cebolla pequeña, picada
2 tomates (jitomates) picados
Hojas de albahaca fresca, picadas
12 aceitunas (olivas) deshuesadas, cortadas en rodajas
10 filetes de anchoa de lata
6 cucharadas de aceite
2 cucharadas de vinagre
1 lata pequeña de puntas de espárragos
2 cucharadas de pipas (semillas) peladas (opcional)
Sal y pimienta

Cocine el arroz en agua hirviendo con sal durante 20 minutos. Póngalo en un colador y refrésquelo bajo un chorro de agua fría.

A continuación, ponga el arroz en una ensaladera. Agréguele la cebolla, los tomates, la albahaca, las aceitunas y las anchoas y revuelva todo bien.

Seguidamente, en otro recipiente, mezcle el aceite con el vinagre, sal y pimienta. Rocíe este aliño sobre la ensalada y revuelva de nuevo.

Por último, coloque las puntas de espárragos sobre la ensalada, salpique por la superficie las pipas y sírvala.

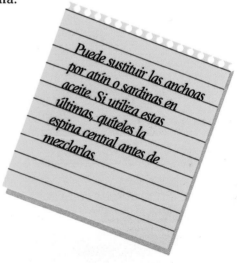

Puede sustituir las anchoas por atún o sardinas en aceite. Si utiliza estas últimas, quíteles la espina central antes de mezclarlas

Tiempo de realización: 25 minutos   Calorías por ración: 320

Pisto manchego

Ingredientes para 4 personas:

✓ 1 cebolla grande, picada
✓ 6 cucharadas de aceite
✓ 2 pimientos (pimentones) verdes, cortados en dados
✓ 1 pimiento (pimentón) rojo, cortado en dados
✓ 500 g de calabacines (calabacitas, chauchitas, zucchini) pelados y cortados en dados
✓ 500 g de tomates (jitomates) pelados y picados
✓ Sal

1

Caliente el aceite en una cacerola al fuego, añada la cebolla picada y rehóguela hasta que esté transparente **(1)**.

A continuación, incorpore los pimientos a la cacerola y revuélvalos bien. Agregue los calabacines **(2)** y cocine a fuego lento durante 6 o 7 minutos o hasta que las verduras estén bien rehogadas.

2

Seguidamente, incorpóreles los tomates, mezcle de nuevo y cocine todo junto a fuego lento, durante 30 minutos, revolviendo el pisto de vez en cuando para evitar que las verduras se peguen al fondo de la cacerola.

Por último, cuando el pisto esté casi en su punto, sazónelo **(3)** y termínelo de cocinar. Sírvalo bien caliente.

3

Tiempo de realización: 50 minutos	Calorías por ración: 207

Ensalada veraniega

Ingredientes para 4 personas:
350 g de judías verdes (ejotes, habichuelas) cortadas en trozos
4 tomates (jitomates) maduros pero firmes, cortados en cuartos
300 g de champiñones (hongos, setas) cortados en rebanadas
250 g de maíz (choclo, elote) desgranado y cocinado
4 cucharadas de aceite
El zumo (jugo) de 1 limón
Unas ramitas de cebollino picado
1/2 cucharadita de tomillo picado
Sal y pimienta

Cocine las judías en agua hirviendo con sal hasta que estén tiernas. Escúrralas y déjelas enfriar.

A continuación, ponga en una fuente de servir, de forma decorativa, los tomates, los champiñones, el maíz y las judías.

Por último, mezcle el aceite con el zumo de limón, el cebollino, el tomillo, sal y pimienta. Rocíe la ensalada con el aderezo y sírvala.

Si dispone de poco tiempo, puede utilizar judías de bote. Conseguirá prácticamente los mismos resultados.

Tiempo de realización: 30 minutos   Calorías por ración: 233

Calabaza gratinada

Ingredientes para 4 personas:

1 kg de calabaza (auyama) pelada, sin semillas y cortada en cubitos
6 cucharadas de aceite
1 cebolla grande, cortada en aros finos
1 diente de ajo
1 cucharada de perejil picado
2 cucharadas de queso parmesano rallado
Sal y pimienta

Cocine la calabaza en un poco de agua con sal, durante 10 minutos. Viértala en un colador y escúrrala bien.

Mientras tanto, caliente el aceite en una sartén y rehogue la cebolla a fuego bajo hasta que comience a dorarse.

A continuación, frote con el ajo el interior de una olla de barro. Vierta en ella la mitad de la calabaza, sobre ésta coloque la cebolla escurrida y cúbrala con la calabaza restante.

Por último, espolvoree la superficie con el queso, rocíe con el aceite de freír la cebolla y hornee con el gratinador encendido, durante unos minutos, hasta que la superficie esté dorada. Sírvala bien caliente.

Tenga en cuenta que la calabaza tiene un gran contenido de agua por lo que necesitará muy poca para su cocción

Tiempo de realización: 25 minutos   Calorías por ración: 225

Ensalada de judías con higaditos

Ingredientes para 4 personas:

500 g de judías verdes (ejotes, habichuelas) cortadas en trozos
8 higaditos de pollo
El zumo (jugo) de 1/2 limón
6 cucharadas de aceite
1 cebolla pequeña picada
1 diente de ajo picado
4 lonchas de bacon (tocineta ahumada) cortado en tiras longitudinales
2 cucharadas de vinagre
Sal
1 pimiento (pimentón) rojo enlatado, para la decoración

Cocine las judías verdes en agua hirviendo con sal hasta que estén tiernas. Escúrralas y resérvelas.

A continuación, limpie los higaditos y córtelos en trozos. Rocíelos con el zumo de limón y déjelos reposar durante 30 minutos.

Mientras tanto, caliente 2 cucharadas de aceite en una sartén y rehogue la cebolla y el ajo durante unos minutos. Añada los higaditos, sálelos y fríalos tratando de que no queden muy hechos por dentro. Retírelos del fuego y resérvelos calientes.

Seguidamente, en una sartén, fría el bacon en su propia grasa hasta que esté bien dorado y crujiente.

Por último, aderece las judías con el aceite restante y el vinagre. Repártalas en platos y ponga parte de los higaditos y del bacon en el centro. Decore los platos con el pimiento y sirva la ensalada.

Tiempo de realización: 40 minutos   Calorías por ración: 364

Caviar de berenjenas

Ingredientes para 6 personas:
1 kg de berenjenas
1 cebolla picada
2 tomates (jitomates) picados
1 pimiento (pimentón) rojo asado, pelado y picado
2 cucharadas de cilantro (culantro) picado
4 cucharadas de aceite
1 cucharada de vinagre
Unas aceitunas (olivas) negras para decorar
Sal y pimienta

Lave las berenjenas, séquelas y áselas en el horno, precalentado a 195° C (375° F), hasta que estén tiernas. Pélelas, píquelas en cubitos y viértalas en un recipiente.

A continuación, añada la cebolla, los tomates, el pimiento y el cilantro y revuelva todo bien.

Seguidamente, mezcle en un cuenco el aceite, el vinagre y sal y pimienta al gusto.

Por último, vierta el aderezo sobre el preparado anterior, revuelva bien para que se unifiquen los sabores y póngalo en una fuente. Decórelo con las aceitunas y sírvalo.

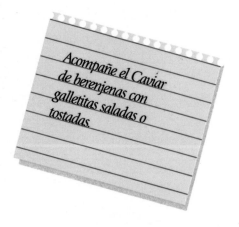

Acompañe el Caviar de berenjenas con galletitas saladas o tostadas.

Tiempo de realización: 30 minutos   Calorías por ración: 154

Calabacines rellenos

Ingredientes para 4 personas:
- ✓ 4 calabacines (calabacitas, chauchitas, zucchini) medianos
- ✓ 4 cucharadas de mantequilla
- ✓ 1 cebolla pequeña, picada
- ✓ 4 higaditos de pollo picados
- ✓ 1 diente de ajo picado
- ✓ 2 cucharadas de tomate (jitomate) frito
- ✓ 50 g de arroz
- ✓ 2 tacitas de agua
- ✓ 2 cucharadas de queso rallado
- ✓ Sal y pimienta

1

2

Corte los calabacines por la mitad, en sentido longitudinal, retire la pulpa y resérvela (1). Caliente abundante agua con sal en una cacerola y cuando hierva, agregue los calabacines y cocínelos durante 10 minutos. Retírelos del agua y déjelos escurrir.

A continuación, derrita la mitad de la mantequilla en una sartén y rehogue la cebolla hasta que esté transparente. Incorpore los higaditos (2) y el ajo, revuelva bien y añada el tomate frito, la pulpa de calabacín reservada y el arroz. Mezcle todo, rocíe con el agua (3), sazone con sal y pimienta y cocine a fuego medio durante 25 minutos.

3

Seguidamente, rellene los calabacines con la mezcla preparada, colóquelos en una fuente refractaria y espolvoréelos con el queso rallado.

Por último, derrita la mantequilla restante, rocíela sobre los calabacines e introdúzcalos en el horno, precalentado a 180° C (350° F), durante 20 minutos. Sírvalos bien calientes.

Tiempo de realización: 1 hora 15 minutos   Calorías por ración: 222

Ensalada de lentejas y mejillones

Ingredientes para 4 personas:
1 frasco de 500 g de lentejas (gandules) cocidas
1 kg de mejillones (choros, moule)
1 pimiento (pimentón) rojo de lata, picado
2 tomates (jitomates) picados o tomatitos de jardín
1 cebolleta (cebolla larga) picada
1 zanahoria rallada
1 huevo cocido, picado
6 cucharadas de aceite
2 cucharadas de vinagre
1 cucharada de perejil picado
Sal

Limpie bien los mejillones raspándolos con un cuchillo y viértalos en una cazuela con 1/2 taza de agua. Tape la cazuela y póngala a fuego fuerte para que los mejillones se abran. Retire la cazuela del fuego, separe los mejillones de las valvas y resérvelos.

A continuación, ponga las lentejas en un colador y páselas bajo un chorro de agua fría. Déjelas escurrir bien y viértalas en una ensaladera.

Seguidamente, agregue a la ensaladera el pimiento, los tomates, la cebolleta, la zanahoria y el huevo y revuelva todo bien.

Por último, mezcle en un cuenco el aceite, el vinagre y la sal. Incorpore los mejillones a la ensalada, espolvoréela con el perejil picado y rocíela con el aderezo preparado.

Tiempo de realización: 20 minutos   Calorías por ración: 399

Tomates sorpresa

Ingredientes para 4 personas:

4 tomates (jitomates) grandes
800 g de espinacas congeladas
3 cucharadas de aceite
1 cebolla pequeña, picada
1 diente de ajo picado
50 g de jamón serrano picado
2 cucharadas de mantequilla
2 cucharadas de harina
500 ml de leche
2 cucharadas de queso rallado
Sal y pimienta

Cocine las espinacas en agua hirviendo con sal durante 10 minutos. Escúrralas bien y píquelas.

A continuación, lave los tomates, séquelos y córteles una capa de la parte superior. Extraiga parte de la pulpa con cuidado y colóquelos boca abajo para que pierdan el exceso de líquido.

Mientras tanto, caliente el aceite en una sartén al fuego y rehogue la cebolla y el ajo hasta que estén transparentes. Incorpóreles el jamón, revuelva y añada las espinacas. Rehogue todo junto durante 10 minutos y rellene los tomates con la mezcla de espinacas. Colóquelos en una fuente refractaria.

Seguidamente, derrita la mantequilla en un cazo al fuego, agregue la harina, sofríala ligeramente e incorpore la leche, poco a poco, sin dejar de revolver hasta que la salsa tome consistencia. Sazónela y viértala sobre los tomates preparados.

Por último, introduzca la fuente en el horno, precalentado a 180° C (350° F), durante 20 o 30 minutos. Retírelos del horno y sírvalos bien calientes.

Tiempo de realización: 1 hora 10 minutos   Calorías por ración: 378

Ensalada con queso de cabra

Ingredientes para 4 personas:

5 tomates (jitomates) bien rojos pero firmes, cortados en gajos
2 cebollas rojas, cortadas en aros finos
1 lechuga pequeña, picada
1 cucharada de brotes de cebollino picados
100 g de aceitunas (olivas) negras
4 rodajas de queso de cabra
4 rebanadas de pan tostado
4 cucharadas de aceite
2 cucharadas de vinagre
Sal y pimienta

Vierta en una ensaladera los tomates junto con las cebollas, la lechuga, los brotes de cebollino y las aceitunas.

A continuación, ponga cada rodaja de queso sobre una rebanada de pan e introdúzcalas en el horno, con el gratinador encendido, durante 3 o 4 minutos hasta que el queso esté fundido.

Mientras tanto, mezcle en un cuenco el aceite con el vinagre y sal y pimienta, aliñe la ensalada con este preparado y revuélvala bien.

Por último, reparta la ensalada en platos individuales, ponga en cada uno una rebanada de pan con queso y sírvala de inmediato.

Tiempo de realización: 15 minutos   Calorías por ración: 303

Estofado de cebollitas y champiñones

Ingredientes para 6 personas:

750 g de champiñones (hongos, setas)
500 g de cebollitas francesas
4 cucharadas de aceite
1 copa de vino
1 hoja de laurel
1 cucharada de perejil picado
Sal y pimienta

Limpie bien los champiñones, lávelos y córtelos por la mitad.

A continuación, pele las cebollitas francesas, lávelas y córtelas por la mitad.

Seguidamente, caliente el aceite en una cacerola y añada las cebollitas. Cocínelas a fuego lento durante 10 minutos. Incorpore los champiñones, mezcle todo bien y agregue los ingredientes restantes.

Por último, tape la cacerola, cocine el estofado a fuego muy lento durante 15 o 20 minutos y sírvalo caliente.

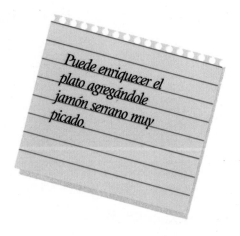

Puede enriquecer el plato agregándole jamón serrano muy picado.

Tiempo de realización: 40 minutos   Calorías por ración: 160

Frituras de coliflor

Ingredientes para 4 personas:
- ✓ 1 coliflor (aprox. 1 kg)
- ✓ 7 cucharadas de harina
- ✓ 1 huevo
- ✓ 1/2 vaso de vino blanco seco
- ✓ Abundante aceite para freír
- ✓ Sal y pimienta negra recién molida

1

Vierta en un cuenco la harina junto con una pizca de sal, pimienta y el huevo, revuelva cuidadosamente con una cuchara de madera y añada el vino blanco seco. Mezcle bien hasta obtener una crema suave y homogénea. Tape el recipiente con una hoja de plástico transparente y deje reposar el preparado en un lugar fresco mientras cocina la coliflor.

2

A continuación, limpie la coliflor eliminando las hojas exteriores y el tronco, lávela, espolvoréela con perejil (1) e introdúzcala entera en una cazuela al fuego con abundante agua hirviendo con sal. Cuando esté cocinada "al dente", escúrrala, deje que se enfríe y córtela en manojitos regulares (2).

Seguidamente, introdúzcalos poco a poco en el compuesto previamente preparado y fríalos en una sartén al fuego con abundante aceite hirviendo (3). Déjelos escurrir sobre papel absorbente para evitar el exceso de grasa y sírvalos.

3

Tiempo de realización: 1 hora 10 minutos   Calorías por ración: 219

Nidos de patatas

Ingredientes para 4 personas:
1 kg de patatas (papas) bien lavadas
3 cucharadas de aceite
1 cebolla pequeña
250 g de carne de ternera (becerra, mamón) picada
2 cucharadas de pan rallado
1 vasito de vino blanco
Una pizca de nuez moscada
2 cucharadas de leche
1 cucharada de mantequilla
1 huevo separada la yema de la clara
Sal y pimienta

Ponga las patatas en una cazuela con agua y sal y cocínelas hasta que estén tiernas.

Mientras tanto, caliente el aceite en una sartén y rehogue la cebolla durante unos minutos. Añada la carne y dórela. Incorpore el pan rallado, revuelva bien con una cuchara de madera y rocíe la mezcla con el vino. Sazone con sal y pimienta al gusto, añada la nuez moscada y cocine todo hasta que la carne esté seca.

Cuando las patatas estén tiernas, pélelas, hágalas puré y añádales la leche, la mantequilla y la yema de huevo. Una vez esté todo bien mezclado, forme 12 bolas de puré y colóquelas en una fuente refractaria, previamente enharinada. Hágales un hoyo en el centro y rellénelo con la mezcla de carne preparada.

Por último, monte la clara a punto de nieve fuerte y ponga un montoncito sobre el relleno de cada bola de puré. Introduzca la fuente en el horno, precalentado a 180° C (350° F), y cocine unos minutos hasta que se doren. Sírvalos decorándolos al gusto.

Tiempo de realización: 1 hora   Calorías por ración: 418

Judías verdes con almendras

Ingredientes para 6 personas:
500 g de judías verdes (ejotes, habichuelas)
4 cucharadas de aceite de oliva
1 diente de ajo picado
1 cebolla pequeña picada
50 g de almendras tostadas y picadas
Sal y pimienta

Limpie las judías quitando las hebras de los lados. Córtelas por la mitad en sentido longitudinal y después en trozos de 5 o 6 cm. Lávelas y cocínelas en agua con sal hasta que comiencen a estar tiernas pero no demasiado. Escúrralas y resérvelas aparte.

A continuación, caliente el aceite en una sartén y rehogue el ajo y la cebolla hasta que ésta esté transparente. Incorpore las judías y rehogue todo junto, revolviendo con una cuchara de madera, durante 10 minutos.

Por último, rectifique la sazón y sírvalas espolvoreadas con las almendras picadas.

Al finalizar el rehogado puede incorporar un chorrito de vino o vinagre.

Tiempo de realización: 40 minutos   Calorías por ración: 185

Tirabeques con jamón

Ingredientes para 6 personas:

500 g de tirabeques (arvejas con cáscara)
2 cucharadas de mantequilla
1 cebolleta (cebolla larga) picada
100 g de jamón picado
2 huevos duros picados
Sal

Corte los extremos de las cáscaras de los tirabeques y las hebras de los lados si las tuvieran. Lávelos y cocínelos en agua hirviendo con sal durante 10 minutos. Escúrralos y resérvelos aparte.

A continuación, derrita la mantequilla en una sartén o cazuela al fuego y rehogue la cebolla hasta que esté transparente. Incorpore el jamón picado y cocínelo unos minutos.

Seguidamente, añada los tirabeques escurridos y cocine todo junto, revolviendo frecuentemente, durante 8 o 10 minutos.

Por último, viértalos en una fuente, espolvoréelos con los huevos picados y sírvalos.

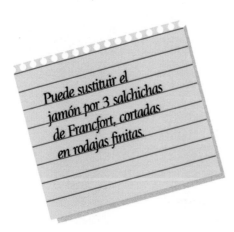

Puede sustituir el jamón por 3 salchichas de Francfort, cortadas en rodajas finitas.

Tiempo de realización: 30 minutos   Calorías por ración: 160

Ensalada César

Ingredientes para 4 personas:
✓ 1 lechuga mediana
✓ 2 dientes de ajo
✓ 1 lata de filetes de anchoa
✓ 2 yemas de huevo
✓ 2 cucharadas de salsa Perrins o inglesa
✓ 1 cucharadita de mostaza
✓ 3 cucharadas de aceite
✓ 1 cucharada de vinagre
✓ 2 rebanadas de pan de molde (de caja)
✓ 3 cucharadas de queso cortado en lonchas finas

1

2

Ponga los dientes de ajo en un mortero y tritúrelos. Añádales los filetes de anchoa (1) y triture todo de nuevo hasta obtener una pasta homogénea.

A continuación, viértala en una ensaladera y agréguele las yemas de huevo, la salsa Perrins, la mostaza, el aceite (2) y el vinagre, sin dejar de revolver.

Seguidamente, separe las hojas de la lechuga, lávelas concienzudamente, píquelas, incorpórelas a la ensaladera y mezcle todo bien.

Por último, corte el pan en cuadraditos y fríalos. Retírelos del aceite, déjelos enfriar sobre papel absorbente y viértalos en la ensaladera (3). Agregue las lonchas de queso y sirva la ensalada.

3

Tiempo de realización: 20 minutos   Calorías por ración: 242

Crema de calabaza

Ingredientes para 4 personas:
500 g de calabaza (auyama) picada
2 tazas de caldo
1 cucharada de mantequilla
1 cebolla picada
1 taza de leche
50 ml de nata (crema de leche) líquida
1 cucharada de perejil picado
Sal y pimienta

Vierta el caldo en una cacerola, póngala al fuego y cuando el caldo esté caliente, añada la calabaza picada y cocínela hasta que esté muy tierna y empiece a deshacerse.

Mientras tanto, derrita la mantequilla en una sartén al fuego, añada la cebolla y sofríala hasta que esté ligeramente dorada.

A continuación, agregue la cebolla al caldo, incorpore la leche y revuelva todo con una cuchara de madera para mezclar bien. Sazone con sal y pimienta recién molida al gusto y pase el preparado por la batidora hasta obtener una crema homogénea.

Por último, vierta sobre la superficie la nata ligeramente batida para que tenga un poco de consistencia. Espolvoree la superficie con el perejil y sirva la crema caliente.

Esta receta queda muy vistosa si se sirve en una calabaza vacía

Tiempo de realización: 20 minutos   Calorías por ración: 132

Cocina ligera

Para tener una visión realmente clara de lo que nuestro organismo necesita es importante conocer los tres factores en los que la medicina se basa para determinar el peso ideal: sexo, altura y estructura ósea. La edad no debe considerarse como elemento determinante, pues los expertos han llegado a la conclusión de que no existe ninguna razón por la que las personas deban engordar según van envejeciendo, si se alimentan correctamente y realizan ejercicio físico de forma adecuada. La primera tabla que ofrecemos ha sido confeccionada según las estadísticas de un consorcio de compañías de seguros. Se consideran los pesos indicados como los más idóneos para gozar de buena salud y de una vida prolongada.

Tabla 1
EL PESO IDEAL

HOMBRES (± 3 kg)

Altura	Estruc. pequeña	Estruc. mediana	Estruc. grande
160 cm	55 kg	57 kg	60 kg
165 cm	58 kg	60 kg	63 kg
170 cm	62 kg	64 kg	67 kg
175 cm	65 kg	67 kg	71 kg
180 cm	69 kg	71 kg	75 kg
185 cm	72 kg	75 kg	79 kg
190 cm	76 kg	78 kg	83 kg

MUJERES (± 2 kg)

Altura	Estruc. pequeña	Estruc. mediana	Estruc. grande
150 cm	45 kg	47 kg	49 kg
155 cm	48 kg	50 kg	53 kg
160 cm	51 kg	53 kg	55 kg
165 cm	54 kg	56 kg	59 kg
170 cm	58 kg	60 kg	63 kg
175 cm	61 kg	64 kg	68 kg
180 cm	65 kg	69 kg	75 kg

Tabla 2
CALORÍAS NECESARIAS PARA MANTENER EL PESO IDEAL

HOMBRES

Peso	18-35 años	35-55 años	55-75 años
55 kg	2.400 kcal.	2.150 kcal.	1.850 kcal.
60 kg	2.550 kcal.	2.300 kcal.	1.950 kcal.
65 kg	2.700 kcal.	2.400 kcal.	2.050 kcal.
70 kg	2.900 kcal.	2.600 kcal.	2.200 kcal.
75 kg	3.100 kcal.	2.800 kcal.	2.400 kcal.
80 kg	3.250 kcal.	2.950 kcal.	2.500 kcal.
85 kg	3.350 kcal.	3.100 kcal.	2.600 kcal.

MUJERES

Peso	18-35 años	35-55 años	55-75 años
45 kg	1.700 kcal.	1.500 kcal.	1.300 kcal.
50 kg	1.850 kcal.	1.650 kcal.	1.400 kcal.
55 kg	2.000 kcal.	1.750 kcal.	1.550 kcal.
60 kg	2.150 kcal.	1.950 kcal.	1.650 kcal.
65 kg	2.300 kcal.	2.050 kcal.	1.800 kcal.
70 kg	2.400 kcal.	2.150 kcal.	1.850 kcal.
75 kg	2.550 kcal.	2.300 kcal.	1.950 kcal.

Para mantener el peso ideal vamos a considerar que las personas realizan una actividad física moderada, por lo que si dicha actividad fuese mayor debería complementarse la alimentación y ser ajustada de manera adecuada.

Seguidamente expondremos los valores calóricos de diferentes alimentos que le ayudaran a la hora de hacer sus menús o a sustituir ingredientes en alguna de las recetas que le ofreceremos a lo largo de estas páginas. Salvo que se indique lo contrario, las calorías que se muestran son por cada 100 g de alimento limpio.

Tabla 3
LOS ALIMENTOS Y SUS CALORÍAS

ALIMENTO	KCAL.	ALIMENTO	KCAL.
VERDURAS		Patatas fritas a la inglesa (papas)	561
Acelgas	21	Patatas puré (papas)	120
Ajo (20 ajos)	100	Pepinillos (cohombrillos)	7
Alcachofas (alcaucil)	15	Pepinos (cohombros)	11
Apio (celeri)	11	Pimientos asados (pimentones)	140
Bambú (brotes)	32	Pimientos crudos (pimentones)	35
Batata (boniato, camote)	82	Puerro cocido (poro)	22
Berenjenas crudas	15	Rábano	12
Berenjenas fritas	300	Remolacha cocida (betabel)	50
Berros	14	Remolacha cruda (betabel)	25
Brecol (brócoli)	18	Repollo crudo o cocido (berza, col)	21
Calabacín (calabacita, chauchita, zucchini)	11	Tomate crudo o asado (jitomate)	18
Cebolla cruda o cocida	22	Tomate frito (jitomate)	70
Cebolla frita	328	Zanahoria cruda o cocida	25
Coles de Bruselas cocidas	18		
Coliflor cruda o cocida	18	**FRUTAS FRESCAS**	
Champiñones crudos (hongos, setas)	11	Aguacate (avocado)	88
Champiñones fritos (hongos, setas)	271	Albaricoque (chabacano)	39
Endibias	11	Almendras peladas	607
Espárragos	18	Avellanas peladas	381
Espinacas	25	Cerezas	39
Guisantes crudos o cocidos (arvejas, chícharos)	70	Ciruelas (claudias)	42
Habas (fabas frescas)	53	Coco	353
		Dátil con hueso	194
Judías verdes crudas o cocidas (ejotes, habichuelas)	14	Frambuesas	21
		Frambuesas congeladas	77
Lechuga	18	Fresas (frutillas)	25
Lombarda (col roja)	7	Granada	42
Nabo crudo o cocido (coyocho, papanabo)	18	Higos (brevas, tunas)	42
		Kiwi	30
Patatas asadas (papas)	106	Limón	14
Patatas cocidas (papas)	85	Mandarina (tanjarina)	32
Patatas fritas (papas)	240	Manzana	46

Tabla 3 (continuación)
LOS ALIMENTOS Y SUS CALORÍAS

ALIMENTO	KCAL.
FRUTAS FRESCAS (sigue)	
Manzana asada sin azúcar	32
Melocotón (durazno)	35
Melón	14
Moras (frutillas)	32
Naranja	32
Nueces peladas	550
Pera	39
Piña (ananá)	35
Plátano (banana, cambur)	78
Pomelo (toronja)	22
Uva	53

ALIMENTO	KCAL.
LEGUMBRES, HUEVOS, LÁCTEOS, CEREALES Y DERIVADOS	
Arroz cocido	123
Copos de maíz	374
Espaguetis	106
Flan de huevo	64
Galletas María	330
Garbanzos	110
Judías blancas (alubias, caraotas, frijoles)	106
Harina	342
Huevo grande, cocido o crudo	90
Huevo grande, frito o revuelto	130
Leche	67
Leche descremada	35
Lentejas (gandules)	96
Macarrones	112
Mantequilla (manteca de leche)	917
Margarina	730
Mazapán	410
Nata líquida (crema de leche)	180
Nata montada sin azúcar (crema de leche batida)	402
Pan blanco (bolillo)	247
Pan de régimen	150
Pan frito	572
Pan integral	230
Queso de bola	310

ALIMENTO	KCAL.
Queso de Burgos	240
Queso de Camembert	310
Queso fresco	120
Queso Gruyère	460
Queso nata	338
Queso de régimen	135
Queso Roquefort	310
Sémola	352
Yogur	71
Yogur desnatado	52

ALIMENTO	KCAL.
PESCADOS Y MARISCOS (en crudo si no se especifica lo contrario)	
Almeja (concha, pepitona)	81
Anchoas (anchovas, boquerones)	141
Angulas	71
Arenque ahumado	236
Atún en lata (cazón, tiburón, tuna)	268
Atún fresco (cazón, tiburón, tuna)	159
Bacalao fresco (abadejo)	57
Bacalao seco (abadejo)	90
Bígaros	71
Boquerón	129
Caballa	260
Calamares cocidos (chipirones, sepias)	50
Centollo limpio	120
Cigala limpia	125
Gambas limpias (camarones, quisquillas)	106
Lenguado cocido	95
Lenguado frito	148
Lubina cocida	127
Mejillones crudos o cocidos (choros, moule)	88
Merluza cocida (corvina)	106
Merluza frita (corvina)	188
Ostras	68
Pez Espada frito	400
Pulpo cocido	50
Rodaballo cocido	99

Con los datos que le hemos proporcionado y las recetas que a continuación le ofrecemos, le será fácil obtener y conservar el estado físico que usted y toda su familia necesita.

Su propia experiencia y las tablas que componen esta primera parte del libro le permitirán realizar y adaptar sus recetas favoritas obteniendo los resultados deseados. ¡Mantenga su cuerpo en forma y proteja su salud!

Tabla 3 (continuación)
LOS ALIMENTOS Y SUS CALORÍAS

ALIMENTO	KCAL.	ALIMENTO	KCAL.
PESCADOS Y MARISCOS (sigue)		BEBIDAS Y VARIOS	
Salmón ahumado	215	Aceite de girasol	980
Salmón cocido o parrilla	200	Aceite de oliva	1000
Sardinas en lata	300	Azúcar	398
Sardinas fritas	280	Café solo	1
Trucha cocida o al horno	135	Café con leche	7
		Campari	222
		Cerveza	40
CARNES		Coca Cola	50
Bacon (panceta, tocineta)	410	Consomé desgrasado	3
Cabrito magro (chivo)	264	Coñac (cognac)	265
Cerdo magro (cochino, chancho, puerco)	250	Champán	78
		Chocolate amargo (cacao, cocoa)	530
Cordero magro (borrego, oveja)	176	Chocolate con leche (cacao, cocoa)	620
Cordero mixto (borrego, oveja)	320	Drambuie	280
Hamburguesa de régimen	280	Especias (media)	250
Hamburguesa normal	565	Gaseosa	55
Hígado a la parrilla	250	Ginebra	212
Jamón serrano magro	380	Jerez dulce	127
Jamón serrano mixto	500	Jerez seco	116
Jamón York magro	218	Licor de menta	320
Morcilla de arroz (moronga)	185	Mayonesa	390
		Miel	290
Pato asado	314	Oporto	152
Pavo asado (guajalote)	198	Ron	223
Pollo asado o cocido	190		
Pollo crudo	117	Té con leche	6
		Té con limón	1
Riñones a la parrilla	200	Vermouth	141
Salchichas fritas (butifarra)	240	Vinagre	4
Salchichón	307	Vino blanco dulce	92
Ternera magra parrilla (becerra, mamón)	215	Vino blanco seco	74
		Vino tinto	71
Vaca - lengua	300	Vodka	233
Vaca magra parrilla (res)	300	Whisky	223

Las mejores recetas

Sopa de pepino

Ingredientes para 6 personas:
1 kg de pepinos (cohombros)
1 cucharada de mantequilla
1 cebolla picada
500 ml de leche desnatada
500 ml de agua
2 cucharadas de sémola de trigo
1 cucharada de vinagre
125 ml de nata (crema de leche) líquida
1 pimiento (pimentón) de lata cortado en tiritas
Sal y pimienta

Corte los pepinos por la mitad en sentido longitudinal, extraiga las semillas y póngalos boca abajo durante unos minutos para que escurran y pierdan el amargor. Pélelos parcialmente y córtelos en cuadraditos pequeños.

A continuación, caliente la mantequilla en una cazuela y rehogue la cebolla hasta que esté transparente. Incorpore los pepinos picados, mezcle todo bien y añada la leche y el agua. Sazone ligeramente con sal y pimienta, tape la cazuela y cocine a fuego lento durante 15 minutos.

Seguidamente, incorpore la sémola, revuelva todo bien, tape de nuevo y cocine aproximadamente 30 minutos más, revolviendo de vez en cuando, hasta que los pepinos estén tiernos. Agregue el vinagre y la nata, mezcle todo bien, deje que dé un hervor, rectifique la sazón y retire del fuego.

Por último, cuando la sopa esté templada, introdúzcala en el frigorífico y déjela durante un par de horas para que esté bien fría. Decórela con el pimiento y sírvala.

Tiempo de realización: 55 minutos   Calorías por ración: 143

Sopa de hilas

Ingredientes para 6 personas:
- ✓ 1 l de caldo desgrasado
- ✓ 250 ml de leche
- ✓ 100 g de harina de maíz
- ✓ 2 huevos
- ✓ 3 cucharadas de leche
- ✓ 1 cucharada de mantequilla derretida
- ✓ 1 cucharada de perejil picado
- ✓ Sal

1

Vierta en un recipiente la harina, los huevos (1), las 3 cucharadas de leche, la mantequilla derretida y un poquito de sal. Bata todo bien hasta obtener una crema suave y homogénea y déjela reposar.

A continuación, ponga el caldo en una cazuela al fuego. Añada la leche (2) y deje que comience a hervir.

2

Seguidamente, vierta la crema anteriormente preparada en un colador grueso, colocándolo sobre la cazuela y deje que las hilas vayan cayendo sobre el caldo (3).

Por último, cocine todo durante 10 minutos, y sirva la sopa con el perejil picado espolvoreado por encima.

3

Tiempo de realización: 30 minutos   Calorías por ración: 193

Sopa de verduras

Ingredientes para 4 personas:
1/4 de pollo
1 hueso de caña
25 g de tocino de jamón picado
250 g de repollo (col) cortado en tiras
1/2 escarola o lechuga cortada en tiras
2 zanahorias cortadas en tiras
2 patatas (papas) cortadas en tiras
1 nabo (coyocho, papanabo) cortado en tiras
1 cebolla cortada en tiras
1 tomate (jitomate) cortado en cuadraditos
Sal y pimienta

Vierta en una cazuela 1 1/2 litros de agua. Agregue el pollo y el hueso, sazone ligeramente con sal y pimienta y cocínelo todo durante 1 hora.

Mientras tanto, prepare todas las verduras.

A continuación, ponga una cacerola al fuego con el tocino, y cuando éste se haya derretido, añada todas las verduras y rehóguelas durante unos minutos.

Seguidamente, retire el pollo y el hueso del caldo, cuele este último y viértalo sobre las verduras. Cocine a fuego lento durante 20 minutos o hasta que las verduras estén tiernas.

Por último, rectifique la sazón y sirva la sopa bien caliente agregándole, si lo desea, rodajas de huevo duro y el pollo desmenuzado.

Tiempo de realización: 1 hora 30 minutos   Calorías por ración: 193

Ensalada de cardos

Ingredientes para 4 personas:
350 g de cardos limpios y cortados en trozos
1 cucharada de harina
1 mandarina (tanjarina)
1 huevo duro, picado
1/2 cebolla pequeña, picada
1 diente de ajo picado
1/2 pimiento (pimentón) rojo, picado
1/2 pimiento (pimentón) verde, picado
1 cucharada de perejil picado
6 cucharadas de aceite de oliva
3 cucharadas de vinagre
Sal

Caliente agua con sal en una cazuela al fuego, agregue la harina y los cardos y cocínelos hasta que estén tiernos. Si lo desea puede cocinarlos en olla a presión durante 30 minutos, ya que son bastante duros.

Mientras tanto, pele la mandarina y pique la piel en trocitos muy pequeños.

A continuación, prepare una vinagreta en un recipiente, mezclando el huevo, la cebolla, el ajo, los pimientos, el perejil y la piel de la mandarina. Rocíe todo con el aceite y el vinagre, sazone y mezcle todo bien.

Cuando los cardos estén tiernos, escúrralos y viértalos en una ensaladera. Agrégueles los gajos de mandarina picados y rocíe la ensalada con la vinagreta preparada.

Por último, mezcle todo con cuidado y sirva la ensalada.

Tiempo de realización: 40 minutos	Calorías por ración: 220

Ensalada de judías verdes y rape

Ingredientes para 4 personas:
350 g de judías verdes (ejotes, habichuelas)
200 g de rape
2 limones
250 g de langostinos cocidos y desvenados
1 pimiento (pimentón) rojo de lata cortado en tiritas
Sal

Para el aderezo:
4 cucharadas de aceite
2 cucharadas de vinagre
Sal y pimienta negra molida

Quite las hebras y las puntas de las judías, córtelas por la mitad en sentido longitudinal y trocéelas.

A continuación, caliente agua con sal en una cazuela y cuando comience a hervir, agregue las judías verdes y cocínelas hasta que estén tiernas. Escúrralas y resérvelas.

Mientras se cocinan las judías, ponga el rape en el congelador y cuando esté firme al tacto, sin llegar a estar congelado, córtelo en láminas finas. Colóquelas en un plato, rocíelas con el zumo de los limones y déjelas en maceración durante 2 o 3 horas.

Seguidamente, ponga las judías en una ensaladera y sobre ellas, coloque las láminas de rape, los langostinos y las tiritas de pimiento.

Por último, prepare un aderezo mezclando todos los ingredientes del mismo en un cuenco pequeño. Viértalo sobre la ensalada y sírvala.

Tiempo de realización: 25 minutos   Calorías por ración: 255

Ensalada multicolor

Ingredientes para 4 personas:
400 g de judías verdes (ejotes, habichuelas)
400 g de habas (fabas frescas) pequeñas sin piel
Un ramillete de perejil fresco
1 ramita de tomillo
2 hojas de laurel
2 cebollas pequeñas
200 g de granos de maíz (choclo, elote) cocido

Para el aderezo:
4 cucharadas de aceite
2 cucharadas de vinagre de vino
Sal y pimienta molida

Quite las hebras y las puntas de las judías y córtelas en trozos. Caliente agua con sal en una cazuela y cuando comience a hervir, agregue las judías y cocínelas hasta que estén tiernas. Escúrralas y resérvelas.

Mientras tanto, ponga otra cazuela con agua al fuego, añada el perejil, el tomillo, el laurel y una cebolla troceada. Sazone y cuando el agua comience a hervir, agregue las habas y cocínelas durante 5 minutos. Escúrralas y resérvelas.

A continuación, ponga en una ensaladera las judías verdes y las habas junto con los granos de maíz, el pimiento y la cebolla restante picada.

Seguidamente, mezcle en un recipiente el aceite, el vinagre, sal y pimienta al gusto, rocíe este aderezo sobre la ensalada y mezcle con suavidad todos los ingredientes. Sírvala a temperatura ambiente.

Tiempo de realización: 30 minutos   Calorías por ración: 252

Ensalada de domingo

Ingredientes para 4 personas:
2 zanahorias grandes, cortadas en ruedas
1 escarola verde
1/2 escarola roja
1 cebolla cortada en aros
4 rabanitos cortados en láminas
1/2 pimiento (pimentón) rojo, picado
200 g de atún (cazón, tiburón, tuna) en aceite

Para el aderezo:
8 cucharadas de aceite de oliva
1 cucharada de mostaza
El zumo (jugo) de 1/2 limón
Sal y pimienta negra molida

Ponga una cazuela pequeña con agua y sal al fuego, y cuando comience a hervir, agregue las zanahorias y cocínelas durante 5 minutos. Escúrralas bien y viértalas en una ensaladera.

Mientras tanto, lave y trocee las escarolas.

A continuación, vierta en la ensaladera las escarolas junto con la cebolla, los rabanitos y el pimiento. Escurra el atún, trocéelo y agréguelo a la ensalada.

Por último, mezcle en un cuenco todos los ingredientes del aderezo. Rocíelo sobre la ensalada, revuelva todo con cuidado y sírvala.

Tiempo de realización: 15 minutos	Calorías por ración: 390

Mousse de judías verdes

Ingredientes para 4 personas:

✓ 500 g de judías verdes (ejotes, habichuelas)
✓ 500 g de mejillones (choro, moule)
✓ 1 copa de vino blanco
✓ 1/2 taza de agua
✓ 4 huevos
✓ 2 tomates (jitomates) grandes, pelados y picados
✓ 2 huevos duros
✓ 1/2 cucharadita de tomillo
✓ Sal y pimienta
✓ Salsa de yogur

1

2

3

Quite las hebras y las puntas de las judías y córtelas en trozos, reservando unas cuantas enteras para la decoración.

A continuación, ponga en una cacerola los mejillones bien limpios junto con el vino y el agua, y cocínelos a fuego vivo para que se abran. Filtre el caldo, resérvelo y extraiga los mejillones de las valvas (1).

Caliente el caldo filtrado en una cazuela limpia, añada un poco más de agua y sal y cuando hierva, agregue las judías y cocínelas 20 minutos. Después escúrralas ligeramente, reserve las judías enteras y vierta las restantes en una batidora junto con los 4 huevos (2), sal y pimienta. Bata todo hasta obtener un puré y viértalo en un molde ligeramente engrasado (3). Cocínelo en el horno al baño María 45 minutos.

Mientras tanto, condimente los tomates con el tomillo, sal y pimienta, y pique los huevos duros separando las yemas de las claras.

Por último, desmolde la mousse y rodéela con los tomates preparados. Decore la superficie con las judías, los huevos picados y los mejillones y sírvala acompañada con la salsa de yogur u otra al gusto.

| Tiempo de realización: 1 hora 15 minutos | Calorías por ración: 207 |

Timbal de verduras

Ingredientes para 6 personas:
500 g de patatas (papas) cocinadas
500 g de zanahorias cocinadas
500 g de espinacas cocinadas
4 huevos
100 g de mantequilla
1 cucharada de aceite
2 dientes de ajo picados
Una pizca de nuez moscada rallada
1 pimiento (pimentón) rojo de lata
Sal y pimienta

Haga un puré con las patatas, añada 1 huevo ligeramente batido, sazone e incorpore la mitad de la mantequilla y la nuez moscada. Una vez esté todo bien mezclado, guárdelo aparte.

A continuación, prepare otro puré con las zanahorias y agrégueles 1 huevo y sal.

Seguidamente, caliente el aceite en una sartén, fría los ajos, añada las espinacas y rehóguelas ligeramente. Retire la sartén del fuego, pique las espinacas muy menudas y mézclelas con los 2 huevos restantes.

Por último, engrase un molde rectangular con la mantequilla restante y vierta en el fondo el puré de patatas. Alíselo y cúbralo con el puré de espinacas. Vuelva a alisar y termine con el puré de zanahorias. Tápelo con papel de aluminio e introdúzcalo en el horno, precalentado a 180° C (350° F), durante 20 minutos o hasta que esté cuajado. Desmóldelo y decórelo con tiras de pimiento rojo o al gusto.

Tiempo de realización: 50 minutos   Calorías por ración: 284

Puerros con tomate

Ingredientes para 4 personas:
500 g de puerros (poros)
2 cucharadas de aceite
1 diente de ajo picado
450 g de tomates (jitomates)
1 cucharadita de azúcar moreno
2 cucharadas de hierbabuena picada
2 tazas de caldo de pollo
Sal y pimienta
Albahaca fresca para la decoración

Quite las hojas exteriores de los puerros, lávelos muy bien bajo un chorro de agua fría y córtelos en rodajas.

A continuación, caliente agua en un cazo y cuando comience a hervir, agregue los tomates y escáldelos durante un par de minutos. Refrésquelos con agua fría, pélelos y píquelos.

Seguidamente, caliente el aceite en una cazuela de fondo grueso y rehogue el ajo. Añada los tomates, el azúcar y la hierbabuena, y cocine revolviendo de vez en cuando, durante 10 minutos.

Por último, agregue los puerros y el caldo, tape la cazuela y cocine todo durante 30 minutos o hasta que los puerros estén tiernos. Rectifique la sazón y sírvalos con las hojas de albahaca.

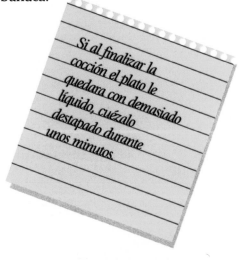

Si al finalizar la cocción el plato le quedara con demasiado líquido, cuézalo destapado durante unos minutos

| Tiempo de realización: 45 minutos | Calorías por ración: 131 |

Festival de legumbres

Ingredientes para 4 personas:

200 g de alubias (caraotas, frijoles) blancas, cocinadas
200 g de garbanzos cocinados
1 huevo duro, picado
150 g de gambas (camarones) cocinadas, peladas y desvenadas
2 tomates (jitomates) pelados y cortados en trozos
1 zanahoria rallada
Unas hojas de lechuga picadas
1 cebolla pequeña, picada
50 g de atún (cazón, tiburón, tuna)

Para el aderezo:
6 cucharadas de aceite
3 cucharadas de vinagre
Albahaca picada
Sal

Una vez cocinadas las legumbres, escurridas y frías, viértalas en una fuente honda.

A continuación, añada el huevo duro, las gambas cortadas por la mitad, los tomates, la zanahoria, la lechuga, la cebolla y el atún desmenuzado y mezcle todo bien.

Seguidamente, prepare el aderezo, mezclando en un cuenco el aceite junto con el vinagre, albahaca y sal al gusto.

Por último, vierta el aderezo sobre la ensalada, mezcle todo bien revolviendo con cuidado y sírvala.

Tiempo de realización: 15 minutos   Calorías por ración: 348

Judías marineras

Ingredientes para 4 personas:
500 g de judías (alubias, caraotas, frijoles) blancas,
puestas en remojo el día anterior
1 cebolla
1 hoja de laurel
300 g de almejas (pepitonas)
4 cucharadas de aceite
2 dientes de ajo picados
2 tomates (jitomates) pelados y picados
1 pimiento (pimentón) verde, picado
1 cucharada de perejil picado
Sal

Escurra las judías del agua del remojo, póngalas en una cazuela, cúbralas de nuevo con agua fría, añada media cebolla y el laurel y ponga la cazuela al fuego. Cuando el agua rompa a hervir agregue un chorro de agua fría para interrumpir la cocción y cocine las judías hasta que estén tiernas.

Mientras tanto, lave las almejas, cúbralas con agua y un poco de sal y déjelas en remojo durante 1 hora para que suelten la tierra.

A continuación, caliente el aceite en una sartén y rehogue la cebolla restante, previamente picada, junto con los ajos. Agregue los tomates y el pimiento, sazone y fría todo junto durante 10 minutos.

Seguidamente, lave de nuevo las almejas e incorpórelas al sofrito. Revuelva todo bien y cocine hasta que las almejas se abran.

Por último, cuando las judías estén tiernas, agrégueles el sofrito con almejas, retirando las que no se hayan abierto. Cocine todo junto durante 10 minutos para que se mezclen los sabores, rectifique la sazón, espolvoréelas con el perejil y sírvalas bien calientes.

Tiempo de realización: 1 hora 40 minutos   Calorías por ración: 261

Garbanzos con espárragos

Ingredientes para 4 personas:

350 g de garbanzos puestos en remojo el día anterior
400 g de espárragos trigueros (verdes)
5 cucharadas de aceite
2 dientes de ajo pelados
1 rebanada de pan
1 ñora (pimentón rojo seco, ají dulce seco)
2 hojas de laurel
1 cucharadita de cominos
2 tomates medianos, pelados y picados
1 cebolla picada
1 pimiento (pimentón) verde, picado
Sal

Escurra los garbanzos del agua del remojo. Ponga a calentar agua con sal en una cazuela y, cuando hierva, agregue los garbanzos y cocínelos hasta que estén tiernos.

Mientras tanto, caliente 2 cucharadas de aceite en una sartén y fría los ajos junto con el pan, la ñora ligeramente remojada, el laurel y los cominos. Cuando todo esté frito, retire el laurel y machaque todos los ingredientes restantes en el mortero.

A continuación, caliente el aceite restante y fría los tomates junto con la cebolla y el pimiento. Agregue los espárragos y fríalos ligeramente.

Cuando los garbanzos estén tiernos, incorpóreles el majado y el sofrito con los espárragos. Mézclelo bien, rectifique la sazón y cocine todo a fuego lento durante 15 minutos.

Tiempo de realización: 2 horas y 30 minutos · Calorías por ración: 320

Ensalada de lentejas

Ingredientes para 4 personas:
400 g de lentejas puestas en remojo el día anterior
1 cebolla
3 clavos de olor
1 rama de apio sin hojas
1 zanahoria
Unas ramitas de perejil
2 hojas de laurel
2 huevos duros
4 cucharadas de aceite
El zumo (jugo) de 1 limón
75 g de aceitunas verdes, deshuesadas
75 g de aceitunas negras, deshuesadas
Sal y pimienta

Escurra el agua del remojo de las lentejas y póngalas en una cazuela. Añada la cebolla con los clavos de olor pinchados en ella, el apio, la zanahoria, el perejil y el laurel. Cubra todo con agua fría y cocínelo a fuego lento durante 1 hora o hasta que las lentejas estén tiernas. Sazone con sal y pimienta en mitad de la cocción.

Mientras tanto, pele los huevos duros, separe las claras de las yemas y pique ambas por separado.

A continuación, escurra las lentejas y póngalas en una ensaladera para que se enfríen. Deseche las verduras y las hierbas, y pique la zanahoria agregándola a las lentejas.

Seguidamente, mezcle el aceite con el zumo de limón, sal y pimienta, batiendo con un tenedor, y vierta la salsa obtenida sobre las lentejas.

Por último, incorpore las aceitunas y ponga los huevos picados alrededor y sobre la superficie. Sirva la ensalada fría.

Tiempo de realización: 1 hora y minutos   Calorías por ración: 290

Huevos primavera

Ingredientes para 4 personas:
4 huevos
3 tomates (jitomates) pelados y cortados en cuadraditos pequeños
1 cucharadita de orégano
1 calabacín (calabacita, chauchita, zucchini) troceado
300 g de guisantes (arvejas, chícharos)
250 g de champiñones, bien limpios y cortados en láminas gruesas
2 cucharadas de aceite
1 cebolla picada
1 diente de ajo picado
1 cucharada de perejil picado
Sal y pimienta

Ponga los tomates en un recipiente refractario, sazónelos con sal y pimienta, espolvoréelos con el orégano, tape el refractario con papel de aluminio e introdúzcalo en el horno, precalentado a 180° C (350° F), durante 30 minutos.

Mientras tanto, ponga una cacerola con agua y sal al fuego y cuando comience a hervir, agregue el calabacín, los guisantes y los champiñones y cocínelos durante 15 minutos. Escurra todo bien y resérvelo.

A continuación, caliente el aceite en una sartén y rehogue la cebolla y el ajo hasta que estén transparentes. Añada las verduras escurridas y saltee todo durante 5 minutos.

Seguidamente, retire los tomates del horno y repártalos en cuatro cazuelitas individuales. Reparta también las verduras rehogadas y casque un huevo en el centro de cada cazuela.

Por último, introdúzcalas en el horno caliente y cocínelas hasta que los huevos estén cuajados. Retírelas del horno, espolvoréelas con el perejil y sírvalas.

NOTA: Si lo desea, puede escalfar los huevos en agua y colocarlos en las cazuelas en el momento de servir.

Tiempo de realización: 40 minutos	Calorías por ración: 198

Cebiche

Ingredientes para 6 personas:

✓ 500 g de langostinos frescos
✓ 500 g de pescado sin piel ni espinas
✓ 1/2 taza de zumo (jugo) de limón
✓ 2 cebollas picadas
✓ 2 dientes de ajo picados
✓ 1/2 pimiento (pimentón) verde, picado
✓ 1/2 pimiento (pimentón) rojo, picado
✓ 1 tomate (jitomate) grande, maduro y pelado
✓ 2 cucharadas de tabasco (ají pique)
✓ 1 cucharada de salsa soja
✓ Unas hojas de lechuga
✓ Sal y pimienta

1

2

Pele los langostinos, desvénelos y córtelos por la mitad en sentido longitudinal. Corte el pescado en trocitos (1). Vierta todo en un cuenco de cristal, rocíelo con el jugo de limón (2) y déjelo macerar unos minutos.

A continuación, agregue a los pescados las cebollas, los ajos, los pimientos, el tomate, el tabasco, la salsa de soja (3) y sal y pimienta. Revuelva bien y déjelo marinar en el frigorífico durante 4 horas.

Por último, lave bien las hojas de lechuga y colóquelas en platos de servir. Reparta el cebiche sobre la lechuga y sírvalo.

3

| Tiempo de realización: 15 minutos | Calorías por ración: 214 |

Dorada a la sal

Ingredientes para 4 personas:
1 dorada grande (aprox. 2 kg)
2 kg de sal gorda

Para la vinagreta:
2 huevos duros
2 cebollas medianas, ralladas
2 pimientos (pimentones) verdes, finamente picados
6 cucharadas de aceite
3 cucharadas de vinagre
Sal

Lave la dorada y séquela, pero sin quitarle las escamas ni las vísceras.

A continuación, cubra el fondo de una bandeja de horno con la mitad de la sal y coloque el pescado encima. Cúbralo con la sal restante y presione con las manos para que la sal quede bien compacta. Introduzca la bandeja en el horno, precalentado a 180° C (350° F), durante 20 minutos aproximadamente. El tiempo dependerá del tamaño de la dorada.

Mientras tanto, prepare la vinagreta. Pele los huevos y macháquelos con un tenedor. Viértalos en un recipiente y mézclelos con la cebolla y los pimientos. Agregue el aceite, el vinagre y sal, y bata todo bien.

Por último, retire la dorada del horno, rompa la costra de sal, y sírvala con la vinagreta.

Tiempo de realización: 30 minutos   Calorías por ración: 437

Truchas con vinagreta

Ingredientes para 4 personas:
4 truchas de unos 150 g cada una
Estragón fresco o en polvo (puede sustituirse por tomillo, laurel, etc.)
1 vasito de caldo de pescado
500 g de patatas (papas) hervidas al vapor
1 aguacate (avocado) pelado y cortado en gajos finos
1 cucharada de perejil picado

Para la vinagreta:
2 tomates (jitomates) pelados y picados
1 pimiento (pimentón) verde, picado
1 cebolla picada
6 cucharadas de aceite
2 cucharadas de vinagre
Sal

Retire las vísceras de las truchas y lávelas muy bien bajo un chorro de agua fría. Séquelas con papel absorbente e introduzca en las aberturas unas hojitas de estragón o cualquier otra hierba al gusto. Coloque las truchas en una fuente de vidrio o loza, rocíelas con el caldo e introdúzcalas en el horno, precalentado a 180° C (350° F), durante 15 minutos.

Mientras tanto, prepare la vinagreta. Vierta en un recipiente los tomates, el pimiento y la cebolla. Agregue el aceite, el vinagre y sal y mezcle todo bien.

A continuación, retire las truchas del horno y quíteles la piel con cuidado de no romper los lomos. Colóquelos en una fuente y cúbralos con la salsa preparada. Introduzca la fuente tapada en el frigorífico hasta el momento de servir.

Por último, retire las truchas del frigorífico y repártalas en los platos. Ponga las patatas y los gajos de aguacate, agregue un poco de la vinagreta y sírvalas espolvoreadas con el perejil.

Tiempo de realización: 25 minutos   Calorías por ración: 512

Salmón con algas

Ingredientes para 4 personas:
4 rodajas de salmón fresco de 200 g cada una bien limpias
1 manojo de algas deshidratadas
100 g de judías verdes (ejotes, habichuelas)
12 zanahorias pequeñitas
250 ml de caldo de verduras
2 cucharadas de aceite
Sal y pimienta negra molida

Ponga las algas en un recipiente, cúbralas con agua y déjelas en remojo durante 15 minutos. Cuélelas y resérvelas.

Durante el tiempo del remojo, retire las hebras de las judías verdes y córtelas en tiras finas. Limpie bien las zanahorias y cocine ambas en agua hirviendo con sal, hasta que queden "al dente". Escúrralas y resérvelas.

A continuación, extienda las algas escurridas en el fondo de una cazuela grande y coloque encima las rodajas de salmón. Sazónelas con sal y pimienta, cúbralas con las judías y las zanahorias escurridas, rocíe con el caldo y el aceite y cocine todo a fuego lento durante 6 u 8 minutos o hasta que el salmón esté en su punto. Sírvalo caliente acompañándolo con mayonesa o cualquier otra salsa suave, a su gusto.

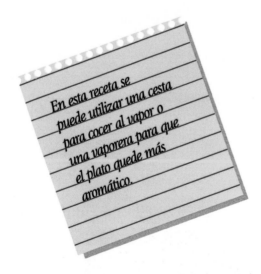

En esta receta se puede utilizar una cesta para cocer al vapor o una vaporera para que el plato quede más aromático.

Tiempo de realización: 35 minutos   Calorías por ración: 433

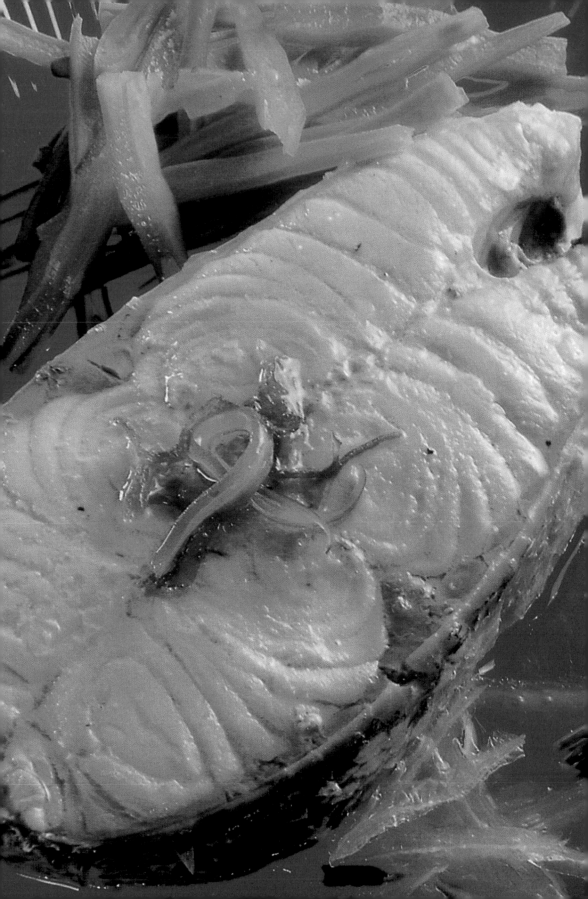

Mejillones a la vinagreta

Ingredientes para 4 personas:
1 kg de mejillones

Para la vinagreta:
1 pimiento (pimentón) verde, picado
2 tomates (jitomates) maduros, pelados y picados
1/2 cebolla pequeña, picada
4 cucharadas de aceite
1 cucharada de vinagre
Sal

Lave los mejillones bajo un chorro de agua fría, raspándolos bien con un cepillo, para quitarles la suciedad. Deseche los que estén abiertos.

A continuación, colóquelos en una cazuela, rocíelos con un poco de agua, tape la cazuela y cocínelos a fuego fuerte para que se abran. Retire la cazuela del fuego, deseche los mejillones que no se hayan abierto y deje enfriar los restantes.

Mientras tanto, prepare la vinagreta. Ponga en un recipiente el pimiento junto con los tomates y la cebolla. Agrégueles el aceite, el vinagre y la sal y mezcle todo bien.

Por último, retire una de las valvas de cada mejillón y colóquelos en una fuente. Reparta por encima la vinagreta preparada y sírvalos.

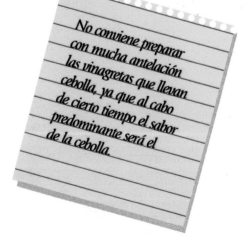

No conviene preparar con mucha antelación las vinagretas que llevan cebolla, ya que al cabo de cierto tiempo el sabor predominante será el de la cebolla.

Tiempo de realización: 20 minutos   Calorías por ración: 220

Cóctel sorpresa

Ingredientes para 4 personas:

1 piña grande
500 g de langostinos frescos
1 lechuga pequeña
2 cebolletas (cebolla larga) picadas
2 huevos duros, picados
1 taza de mayonesa
1 cucharada de mostaza
1 yogur natural descremado

Deseche el penacho de la piña y córtela en 4 trozos. Extraiga la pulpa con cuidado de dejar las cáscaras enteras, retire el centro y trocee el resto.

A continuación, ponga en una cacerola agua con sal y cuando comience a hervir, agregue los langostinos y cocínelos durante 2 minutos. Cuélelos y déjelos enfriar.

Mientras tanto, separe las hojas de lechuga. Reserve 4 hojas enteras y pique las restantes.

Seguidamente, coloque los 4 aros de piña en 4 platos y cubra los centros con las hojas de lechuga. Mezcle en un cuenco la lechuga picada con la cebolleta, los huevos, los langostinos pelados y picados y la piña troceada, y cubra las hojas de lechuga con esta mezcla.

Por último, mezcle la mayonesa con la mostaza y el yogur en un cuenco. Reparta la salsa sobre el cóctel y sírvalo decorándolo al gusto.

NOTA: Aligere la mayonesa con leche descremada si desea disminuir las calorías de esta receta.

Tiempo de realización: 25 minutos   Calorías por ración: 400

Arroz tres delicias

Ingredientes para 4 personas:
250 g de arroz
1 huevo
3 cucharadas de aceite
2 zanahorias cortadas en tiras finas
2 cebolletas (cebolla larga) picadas
150 g de guisantes (arvejas, chícharos) cocidos
100 g de granos de maíz (choclo, elote) cocido
100 g de gambas (camarones) peladas
50 g de jamón de York, cortado en cuadraditos
3 cucharadas de salsa de soja
Sal

Cocine el arroz en abundante agua con sal hasta que esté en su punto. Cuélelo, refrésquelo bajo un chorro de agua fría y resérvelo.

Mientras tanto, bata el huevo con una pizca de sal y haga una tortilla muy fina en una sartén antiadherente. Córtela en tiras y resérvela.

A continuación, caliente el aceite en una sartén grande y saltee las zanahorias y las cebolletas a fuego fuerte. Incorpore los guisantes, el maíz y las gambas y cocine todo sin dejar de revolver, durante 5 minutos.

Seguidamente, añada el arroz, la tortilla y el jamón. Rocíe todo con salsa de soja y mézclelo bien, cocinándolo unos minutos para que esté caliente. Rectifique la sazón y sirva inmediatamente.

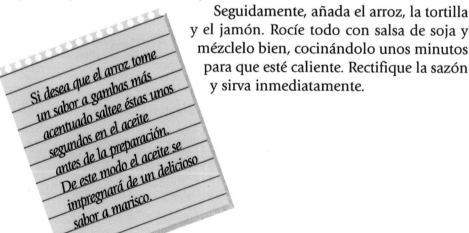

Si desea que el arroz tome un sabor a gambas más acentuado saltee éstas unos segundos en el aceite antes de la preparación. De este modo el aceite se impregnará de un delicioso sabor a marisco.

Tiempo de realización: 35 minutos   Calorías por ración: 333

Arroz marinero

Ingredientes para 6 personas:
2 tazas de arroz
500 g de almejas (pepitonas)
2 cucharadas de aceite
300 g de calamares (chipirones, sepia) cortados a trocitos
250 g de judías verdes (ejotes, habichuelas), picadas
1 pimiento (pimentón) rojo pequeño, picado
1 pimiento (pimentón) verde pequeño, picado
1 taza de tomate (jitomate) frito con cebolla
300 g de pescado blanco (corvina, pescada) cortado en cuadraditos
1/2 cucharadita de azafrán (color, achiote) en polvo
250 g de langostinos pelados
200 g de gambas (camarones) peladas
Sal y pimienta

Cocine las almejas en una cazuela con un poco de agua para que se abran. Cuele el líquido de la cocción y resérvelo. Reserve aparte las almejas.

A continuación, caliente el aceite en una cacerola y saltee los calamares unos minutos. Agregue las judías verdes y los pimientos y rehogue todo 5 minutos más.

Seguidamente, incorpore el arroz, el tomate frito y el pescado. Rocíe con el líquido reservado de las almejas y 4 tazas de agua, revuelva todo bien, condimiente con el azafrán, sal y pimienta y cocínelo durante 15 minutos, con la cacerola tapada, hasta que el arroz esté casi en su punto.

Por último, añada los langostinos, las gambas y las almejas, y cocine unos minutos más sin olvidar que este arroz debe quedar jugoso. Sírvalo bien caliente.

Tiempo de realización: 40 minutos   Calorías por ración: 304

Paella de verduras

Ingredientes para 4 personas:

- ✓ 2 tazas de arroz
- ✓ 1 pimiento (pimentón) verde
- ✓ 1 pimiento (pimentón) rojo
- ✓ 2 zanahorias
- ✓ 1 calabacín (calabacita, chauchita, zucchini)
- ✓ 100 g de judías verdes (ejotes, habichuelas)
- ✓ 1 tomate (jitomate) grande, pelado
- ✓ 250 g de guisantes (arvejas, chícharos) congelados
- ✓ 1 cebolla pequeña, picada
- ✓ 2 cucharadas de aceite
- ✓ 1 cucharadita de pimentón (color) picante en polvo
- ✓ 2 dientes de ajo
- ✓ Unas ramitas de perejil
- ✓ Azafrán (color, achiote)
- ✓ 4 tazas de caldo de verduras
- ✓ Sal

Lave las verduras y córtelas en cuadraditos **(1)**. Deje descongelar los guisantes.

Caliente el aceite en una paellera y rehogue la cebolla hasta que esté transparente. Agregue todas las verduras, excepto los ajos, y saltéelas durante 15 minutos.

Añada el pimentón, mézclelo bien con las verduras, incorpore el arroz y cocine todo junto **(2)**, sin dejar de revolver, hasta que el arroz comience a estar trans-

parente. Machaque los ajos y el perejil junto con el azafrán, dilúyalos con un poco de agua e incorpórelos al preparado anterior.

Por último, rocíe el arroz y las verduras con el caldo **(3)**, rectifique la sazón, y cocine durante 20 minutos o hasta que el arroz esté en su punto. Deje reposar la paella unos minutos antes de servirla.

Tiempo de realización: 55 minutos	Calorías por ración: 234

Arroz con tomate y berberechos

Ingredientes para 4 personas:
250 g de arroz de grano largo
1 cucharada de mantequilla
3 chalotes (cebollas francesas, escalonias)
4 tomates (jitomates)
1/2 vaso de vino blanco seco
2 1/2 tazas de caldo, preferentemente de pescado
2 cucharadas de nata (crema de leche) líquida
200 g de berberechos (chipi-chipi) congelados
1 cucharada de perejil picado
Sal y pimienta

Derrita la mantequilla en una cazuela a fuego lento. Pele y pique los chalotes e incorpórelos a la cazuela, suba el fuego y cocínelos hasta que empiecen a dorarse.

A continuación, pele y pique los tomates y cuando los chalotes estén dorados, añádalos a la cazuela junto con el arroz. Revuelva todo bien y agregue el vino blanco y el caldo. Sazone con sal y pimienta y cocine durante 15 minutos.

Seguidamente, añada la nata a la cazuela, mézclela bien con el arroz e incorpore los berberechos. Cocine todo junto a fuego muy bajo durante 5 minutos más.

Por último, espolvoree el guiso con el perejil, revuelva todo suavemente, retire del fuego y deje reposar durante 4 o 5 minutos.

<u>Nota:</u> Si los berberechos son frescos, ábralos al vapor y retírelos de las valvas. Puede sustituir los chalotes por una cebolla mediana.

Tiempo de realización: 35 minutos   Calorías por ración: 260

Pasta con verduras

Ingredientes para 4 personas:
350 g de pasta al gusto
4 cucharadas de aceite
2 dientes de ajo picados
2 zanahorias grandes cortadas en tiras finas
1 calabacín (calabacita, chauchita, zucchini) cortado en tiras finas
1 cebolla picada
1/2 pimiento (pimentón) rojo, cortado en tiras finas
1/2 pimiento (pimentón) verde, cortado en tiras finas
Sal y pimienta

Caliente el aceite en una sartén grande y sofría ligeramente los ajos.

A continuación, añada todas las verduras restantes y rehóguelas lentamente durante 10 o 15 minutos hasta que estén tiernas revolviéndolas de vez en cuando. Sazónelas con sal y pimienta y retire la sartén del fuego.

Mientras tanto, caliente abundante agua con sal en una cacerola y cuando comience a hervir, agregue la pasta y cocínela a fuego fuerte hasta que esté "al dente". Escúrrala bien.

Por último, añada la pasta, bien escurrida, a la sartén con las verduras. Mezcle todo bien y sírvalo muy caliente.

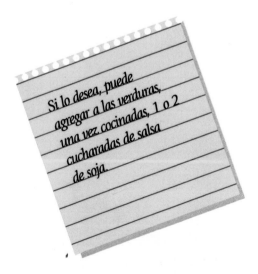

Si lo desea, puede agregar a las verduras, una vez cocinadas, 1 o 2 cucharadas de salsa de soja.

Tiempo de realización: 25 minutos   Calorías por ración: 235

Ruedas con albahaca

Ingredientes para 4 personas:
250 g de ruedas o cualquier otra pasta al gusto
2 calabacines (calabacitas, chauchitas, zucchini) cortados en rodajas finas
150 g de guisantes (arvejas, chícharos)
100 g de habas (fabas frescas)
1 huevo duro troceado
1 tomate (jitomate) mediano, pelado y sin semillas
Un manojito de albahaca
3 cucharadas de aceite
Sal y pimienta

Ponga al fuego una cacerola con agua y sal, y cuando comience a hervir, agregue los calabacines, los guisantes y las habas y cocínelos durante 10 o 15 minutos hasta que todo esté tierno. Cuele las verduras y resérvelas calientes.

A continuación, caliente abundante agua con sal en una cacerola y cuando comience a hervir, agregue la pasta y cocínela a fuego fuerte hasta que esté "al dente".

Mientras tanto, vierta en el vaso de la batidora el huevo duro junto con el tomate, la albahaca, el aceite, sal y pimienta. Bata todo hasta obtener una crema homogénea.

Seguidamente, cuele la pasta cocinada y viértela en una fuente. Incorpore las verduras y mézclelas bien con la pasta. Agregue la salsa preparada, revuelva todo y sírvalo inmediatamente.

Nota: Este plato puede servirse también frío, como ensalada.

Tiempo de realización: 40 minutos   Calorías por ración: 214

Pollo relleno de manzana

Ingredientes para 4 personas:

✓ *1 pollo de tamaño mediano*
✓ *2 copas de vino oloroso seco*
✓ *6 manzanas reineta*
✓ *50 g de pasas de Corinto*
✓ *Sal*

Limpie bien el pollo, séquelo y vierta en su interior 1 copa del vino **(1)**, enjuagándolo bien. Escúrralo y resérvelo.

1

A continuación, pele 2 manzanas, quíteles el corazón, córtelas en trocitos y póngalas en un cuenco con el resto del vino y las pasas. Deje macerar durante 1 hora.

Seguidamente, escurra bien las manzanas y las pasas reservando el líquido, y rellene el pollo con ellas **(2)**, cosiéndolo o atándolo para que el relleno no se salga. Sazone el pollo e introdúzcalo en el horno, precalentado a 180° C (350° F), durante 30 minutos.

2

Por último, retire el pollo del horno, coloque a su alrededor las manzanas restantes previamente descorazonadas, rocíelo con el líquido reservado **(3)** e introdúzcalo de nuevo en el horno durante 30 minutos más. Sírvalo acompañado con ensalada o al gusto.

3

Tiempo de realización: 1 hora 10 minutos	Calorías por ración: 270

Pechugas a la naranja

Ingredientes para 4 personas:

600 g de pechugas de pollo en filetes
3 naranjas
2 cucharadas de aceite
1 cebolla picada
1 cucharada de Cointreau
1 cucharada de azúcar moreno
El zumo (jugo) de 1 naranja
1 cucharadita de maicena
Sal y pimienta

Pele las naranjas retirando la piel blanca para que no amarguen, y separe los gajos quitándoles la piel con un cuchillo muy afilado.

A continuación, caliente el aceite en una sartén, dore los filetes de pollo, sazónelos con sal y pimienta, retírelos de la sartén y resérvelos.

Seguidamente, rehogue la cebolla en el aceite y cuando esté transparente, añada los gajos de naranja, el licor, el azúcar y el zumo de naranja. Cocine 5 minutos e incorpore los filetes de pechuga dorados. Tape la sartén y cocínelos durante 10 minutos.

Por último, disuelva la maicena en 2 cucharadas de agua, viértala en la sartén y cocine todo durante unos minutos para que la salsa ligue. Sirva los filetes con los gajos de naranja y rociados con la salsa preparada.

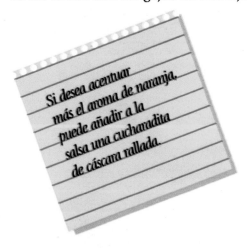

Si desea acentuar más el aroma de naranja, puede añadir a la salsa una cucharadita de cáscara rallada.

Tiempo de realización: 30 minutos   Calorías por ración: 299

Patas de pavo con verduras

Ingredientes para 4 personas:
2 patas de pavo sin piel
2 cucharadas de aceite
3 cucharadas de salsa de soja
El zumo (jugo) de 1/2 limón
2 calabacines (calabacita, chauchita, zucchini) cortados en tiras gruesas
2 puerros (poros) cortados en trozos
150 g de zanahorias pequeñas
150 g de guisantes (arvejas, chícharos)
150 g de habas (fabas frescas) sin piel y cocidas
1 cucharada de semillas de sésamo (ajonjolí)
Sal y pimienta

Una vez quitada la piel de las patas de pavo, hágales unos cortes, sazónelas con sal y pimienta, úntelas con un poco de aceite, colóquelas en una fuente refractaria e introdúzcalas en el horno, precalentado a 180° C (350°F) durante 15 minutos.

Mientras tanto, mezcle en un cuenco el aceite, la salsa de soja y el zumo de limón.

A continuación, retire la fuente del horno, reparta las verduras alrededor del pavo, sazónelas, rocíe todo con el preparado de aceite y limón e introduzca de nuevo en el horno, dejándolo cocinar 20 minutos más.

Por último, retire del horno, espolvoree las patas de pavo con las semillas de sésamo y sírvalas.

Tiempo de realización: 40 minutos   Calorías por ración: 335

Fiambre primavera

Ingredientes para 4 personas:
300 g de pechuga de pollo, sin piel ni hueso
200 g de espinacas congeladas
2 zanahorias cortadas en tiras finas
2 huevos
1/2 cucharadita de tomillo en polvo
2 rebanadas de pan de molde (de caja), desmenuzadas
1 huevo duro
1 copa de vino blanco
Sal y pimienta

Pique las pechugas de pollo en una picadora o con un cuchillo bien afilado y resérvelas.

A continuación, cocine las espinacas en agua con sal durante 5 minutos, escúrralas bien y píquelas. Cocine las zanahorias en agua con sal hirviendo durante 10 minutos y escúrralas.

Mientras tanto, bata los huevos en un recipiente grande. Condiméntelos con el tomillo, sal y pimienta. Agregue el pollo picado, las espinacas, el pan desmenuzado y el huevo duro picado y mezcle todo bien.

Seguidamente, corte un trozo grande de papel de aluminio y colóquelo sobre una mesa de trabajo. Coloque la mezcla preparada sobre el mismo, introduzca las tiras de zanahoria y forme un rollo. Envuélvalo en el papel de aluminio y colóquelo en una bandeja refractaria. Introdúzcala en el horno, precalentado a 180° C (350° F) y cocínela durante 1 hora.

Por último, retire el fiambre del horno, déjelo enfriar con un peso sobre él y, cuando esté frío, córtelo en rebanadas y sírvalo con rabanitos o ensalada al gusto.

Tiempo de realización: 1 hora 25 minutos   Calorías por ración: 262

Conejo a la cazuela

Ingredientes para 4 personas:

1 conejo cortado en trozos
2 naranjas
2 limones
2 cucharadas de perejil picado
4 cucharadas de aceite
2 dientes de ajo, cortados en láminas gruesas
2 hojas de laurel
6 cebolletas (cebolla larga) picadas
2 zanahorias cortadas en rodajas
250 g de guisantes (arvejas, chícharos)
1 copa de vino blanco, seco
2 ramitas de tomillo
1 taza de tomate (jitomate) frito
Sal y pimienta negra, molida

Extraiga el zumo de las naranjas y los limones y ponga el conejo a marinar en los zumos durante 24 horas, dando la vuelta a los trozos de vez en cuando. Una vez terminado el proceso, seque bien los trozos, espolvoréelos con el perejil y sazónelos con sal y pimienta.

A continuación, caliente el aceite en una cazuela y sofría los ajos, el laurel y las cebolletas durante unos minutos. Añada los trozos de conejo, déles unas vueltas e incorpore todos los ingredientes restantes junto con 2 tazas de agua caliente. Tape la cazuela y cocine todo durante 45 minutos o hasta que el conejo esté tierno. Rectifique la sazón si fuera necesario y cocine unos minutos más.

Por último, retírelo del fuego y sírvalo acompañado de ensalada o si lo prefiere, de arroz blanco.

Tiempo de realización: 1 hora   Calorías por ración: 525

Carpaccio de buey

Ingredientes para 4 personas:
350 g de solomillo o carne magra de buey (res) bien limpio de grasa
4 cucharadas de aceite
1 cebolla finamente picada
50 g de queso parmesano cortado en lonchas muy finas
Sal y pimienta

Envuelva la carne en una hoja de plástico transparente apretando la carne bien y dándole una forma redondeada. Introdúzcala en el congelador hasta que esté prácticamente congelada.

A continuación, retire el paquete del congelador, desenvuélvalo y corte la carne en lonchas muy finas con un cuchillo bien afilado o con una máquina de cortar fiambre. Reparta la carne en 4 platos, colocándola bien extendida, tápela con un plástico transparente y déjela reposar en el frigorífico hasta el momento de servir.

Por último, retire los plásticos y sazone la carne con sal y pimienta. Ponga en el centro de cada plato un montoncito de cebolla, reparta el queso en los platos y sirva el carpaccio.

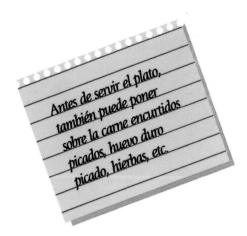

Antes de servir el plato, también puede poner sobre la carne encurtidos picados, huevo duro picado, hierbas, etc.

Tiempo de realización: 15 minutos   Calorías por ración: 266

Lomo en leche

Ingredientes para 8 personas:
- ✓ 1 1/2 kg de lomo de cerdo (cochino, chancho) en un trozo
- ✓ 1 cucharada de harina
- ✓ 2 cucharadas de mantequilla
- ✓ 1 cebolla cortada en rodajas finas
- ✓ 1 1/2 l de leche descremada
- ✓ Sal y pimienta

1

Ate bien el lomo para que no pierda su forma. Sazónelo con sal y pimienta, enharínelo y dórelo en una sartén con la mitad de la mantequilla (1). Retírelo del fuego y póngalo en una cacerola.

A continuación, rehogue la cebolla en la mantequilla restante hasta que esté tierna pero no dorada e incorpórela a la cacerola con la carne. Agregue la leche (2) hasta que el lomo quede cubierto, tape la cacerola y cocínelo a fuego lento hasta que la carne esté tierna, revolviendo de vez en cuando para que la leche no se pegue. Retire la carne y cuele la salsa.

2

Seguidamente, ponga la salsa de nuevo en la cacerola y cocínela a fuego fuerte (3) sin dejar de revolver, para que quede reducida y tome consistencia.

Por último, desate el lomo, córtelo en rebanadas y sírvalo con la salsa caliente en salsera aparte, decorándolo al gusto.

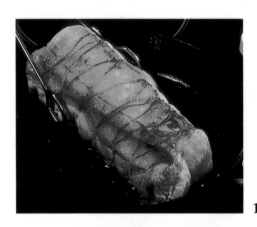

3

Tiempo de realización: 1 hora	Calorías por ración: 419

Entrecot a la crema

Ingredientes para 4 personas:

4 filetes de lomo (lomito, solomo) de ternera (añojo, mamón, novilla)
500 g de zanahorias cortadas en rodajas
3 cucharadas de mantequilla
2 cucharadas de mostaza fuerte
1 cucharada de tomillo (ajedrea, hisopillo)
4 cucharadas de nata (crema de leche) líquida
1 cucharada de perejil picado
Sal y pimienta

Cocine las zanahorias en agua con sal hasta que estén tiernas. Escúrralas y saltéelas en una sartén con una cucharada de mantequilla. Retírelas del fuego y resérvelas al calor.

Mientras tanto, caliente otra cucharada de mantequilla en una cazuela pequeña, añada la mostaza, el tomillo y la nata y cocine todo a fuego lento, revolviendo hasta que la salsa tenga una consistencia homogénea. Retírela del fuego y manténgala caliente.

A continuación, caliente la mantequilla restante en una sartén de fondo grueso o en una plancha y cuando esté bien caliente, dore los entrecotes por ambos lados. Sazónelos con sal y pimienta y colóquelos en platos de servir.

Por último, reparta en los platos las zanahorias preparadas y sirva la carne con la salsa por encima.

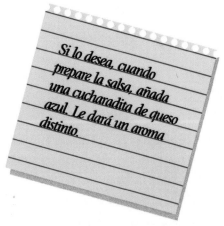

Si lo desea, cuando prepare la salsa, añada una cucharadita de queso azul. Le dará un aroma distinto.

Tiempo de realización: 35 minutos   Calorías por ración: 399

Solomillo aromático

Ingredientes para 4 personas:
4 filetes de solomillo (lomito, solomito) de añojo (res)
El zumo (jugo) de 1 limón
3 cucharadas de aceite
2 dientes de ajo
Hierbas aromáticas: tomillo (ajedrea, hisopillo) albahaca (alfabega),
orégano, romero, perejil, etc.
1 cucharadita de concentrado de carne
Sal y pimienta

Prepare un adobo vertiendo en un cuenco el zumo de limón, el aceite, los ajos previamente machacados junto con las hierbas elegidas, sal y pimienta.

A continuación, coloque los filetes en una fuente, en una sola capa. Rocíelos con el adobo preparado y déjelos reposar en un lugar fresco durante 4 o 5 horas para que tomen bien el sabor.

Seguidamente, caliente al fuego una sartén de fondo antiadherente y dore los filetes por ambos lados. Añada el adobo y el concentrado de carne y cocine todo junto un par de minutos.

Por último, retire del fuego y sirva los filetes con verduras al gusto.

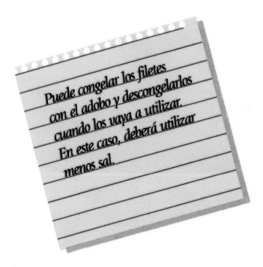

Puede congelar los filetes con el adobo y descongelarlos cuando los vaya a utilizar. En este caso, deberá utilizar menos sal.

Tiempo de realización: 10 minutos   Calorías por ración: 332

Pinchos de carne

Ingredientes para 6 personas:
750 g de carne de añojo (res) cortada en dados
3 dientes de ajo picados
2 cebolletas (cebolla larga) picadas
4 cucharadas de aceite
2 cucharadas de vinagre
1 cucharadita de tomillo (ajedrea, hisopillo) seco
1 cucharadita de orégano seco
1 hoja de laurel picada
8 champiñones (hongos, setas) cortados por la mitad
1 pimiento (pimentón) rojo cortado en dados
2 cebollas cortadas en trozos
Sal y pimienta

Ponga la carne en un recipiente grande. Añádale los ajos, las cebolletas, el aceite, el vinagre, el tomillo, el orégano, el laurel, sal y pimienta al gusto. Revuelva todo bien para que la carne se impregne y déjela macerar en un lugar fresco durante 24 horas.

A continuación, inserte la carne en brochetas o pinchos metálicos, alternando la carne con los champiñones y los trozos de pimiento y de cebolla.

Por último, unte los pinchos preparados con aceite y cocínelos en una plancha bien caliente hasta que se doren por todos los lados. Sírvalos con lechuga, guacamole y arroz blanco. También puede asar patatas en el horno y servirlas abiertas con alguna salsa suave por encima, a modo de acompañamiento.

Flanes de manzana

Ingredientes para 4 personas:
- ✓ 2 manzanas reineta
- ✓ 5 cucharadas de azúcar
- ✓ 4 huevos
- ✓ 250 ml de leche descremada
- ✓ 1 cucharada de margarina vegetal
- ✓ 2 kiwis
- ✓ 3 cucharadas de nata (crema de leche) líquida
- ✓ 2 cucharadas de vodka

Pele las manzanas, quíteles el corazón, córtelas en trocitos y cocínelas durante 10 minutos en una cacerola pequeña con 1 cucharada de azúcar y un chorrito de agua. Viértalas en un plato y macháquelas con un tenedor (1).

Bata los huevos junto con el azúcar restante hasta que queden espumosos. Incorpore la leche y mezcle todo bien.

A continuación, engrase 4 flaneras individuales con un poco de margarina. Mezcle el puré de manzana con la cuarta parte del batido de huevos y repártalo en las flaneras. Termine de llenarlas con el batido restante (2), tápelas con papel de aluminio y cocínelas al baño María durante 20 minutos o hasta que estén cuajadas. Déjelas enfriar.

Seguidamente, pele los kiwis, córtelos en trozos y póngalos en el vaso de la batidora (3), junto con la nata y el vodka. Bata todo hasta obtener una crema fina.

Por último, desmolde los flanes sobre platos de servir, cúbralos con la salsa preparada y sírvalos, decorándolos con chocolate o al gusto.

Tiempo de realización: 40 minutos	Calorías por ración: 279

Sorbete de verano

Ingredientes para 4 personas:
350 g de fresones (frutillas)
150 g de frambuesas
100 g de moras
1 taza de leche
Azúcar
2 claras de huevo

Quite las hojitas verdes a los fresones y lávelos en un colador bajo un chorro de agua fría. Déjelos escurrir para que pierdan todo el agua y mientras tanto, lave las frambuesas y las moras.

A continuación, ponga en el vaso de la batidora los fresones, las frambuesas y las moras, dejando unas cuantas para la decoración. Incorpore la leche y azúcar al gusto y bata todo hasta obtener un puré suave. Vierta el puré obtenido en una bandeja metálica e introdúzcala en el congelador hasta que esté a medio cuajar.

Seguidamente, monte las claras a punto de nieve y mézclelas con cuidado con el puré de frutas. Introdúzcalo en el congelador de nuevo hasta que tome consistencia de helado sin olvidar removerlo varias veces durante el tiempo de cuajado.

Por último, retire la bandeja del congelador y sirva el helado decorándolo con las frutas reservadas.

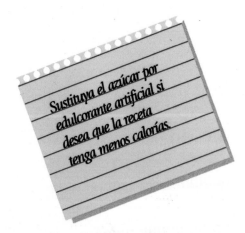

Sustituya el azúcar por edulcorante artificial si desea que la receta tenga menos calorías.

Tiempo de realización: 15 minutos   Calorías por ración: 160

Delicias de limón

Ingredientes para 4 personas:
3 cucharadas de gelatina en polvo con sabor a limón
1/3 taza de agua hirviendo
Una pizca de ralladura de limón
1 cucharada de zumo (jugo) de limón
1 clara de huevo
100 g de moras
1 1/2 cucharaditas de maicena (fécula de maíz)
2 cucharadas de agua fría
Unas gotas de esencia de vainilla
Edulcorante

Ponga en un cuenco la gelatina, rocíela con el agua hirviendo y disuélvala. Añada agua fría hasta obtener 2 tazas, mezcle bien e incorpore la ralladura y el zumo de limón. Revuelva todo e introdúzcalo en el frigorífico hasta que la gelatina esté casi cuajada.

A continuación, retire el cuenco del frigorífico, vierta la gelatina en la batidora eléctrica, agregue la clara de huevo y bata todo durante 2 minutos hasta obtener una mezcla ligera y espumosa. Viértala en moldes individuales e introdúzcala de nuevo en el frigorífico hasta que esté cuajada.

Mientras tanto, machaque parte de las moras. Mezcle en un cuenco la maicena y las 2 cucharadas de agua fría, añádalas a las moras machacadas y cocínelas, sin dejar de revolver, hasta que la mezcla esté espesa. Retire la salsa del fuego y agregue la esencia de vainilla y el edulcorante al gusto.

Por último, desmolde las delicias de limón y sírvalas acompañadas con la salsa preparada y las moras restantes.

Tiempo de realización: 20 minutos	Calorías por ración: 78

Mousse de manzana

Ingredientes para 4 personas:
500 g de manzanas
3 cucharadas de agua
3 cucharaditas de gelatina en polvo
1 1/4 tazas de zumo (jugo) de naranja natural
Edulcorante artificial
1 o 2 gotas de colorante alimenticio verde (opcional)
Una pizca de nuez moscada en polvo
1 clara de huevo

Retire los corazones de las manzanas, córtelas en trozos, reservando algunos para la decoración, y cocínelas en el agua durante 10 minutos.

Mientras tanto, disuelva la gelatina en un poco del zumo de naranja caliente.

Cuando las manzanas estén cocidas y tibias, viértalas en la batidora junto con la gelatina disuelta, el resto del zumo y el edulcorante al gusto. Ponga la mezcla en un molde de cubitos de hielo e introdúzcala en el congelador hasta que empiece a cuajarse.

A continuación, bata la clara de huevo a punto de nieve. Retire el puré de manzana del congelador y bátalo hasta que esté espumoso. Añádale el colorante alimenticio, la nuez moscada y la clara de huevo previamente batida a punto de nieve, e introduzca la mousse de nuevo en el congelador hasta que esté firme pero no sólida.

Por último, viértala en copas, decore éstas con los gajos de manzana reservados y sírvala.

Tiempo de realización: 25 minutos	Calorías por ración: 124

Pudín de peras

Ingredientes para 4 personas:
- ✓ 2 peras grandes, peladas y cortadas por la mitad
- ✓ La cáscara de 1/2 limón
- ✓ 1 ramita (astilla) de canela
- ✓ 60 g de arroz
- ✓ 500 ml de leche descremada
- ✓ 30 g de azúcar morena
- ✓ 1 cucharadita de azúcar de vainilla
- ✓ 2 yogures
- ✓ 1 sobre de gelatina de limón

1

Ponga las peras en un cazo, cúbralas con agua, añada la cáscara de limón y la canela, y cocínelas durante 30 minutos (1) o hasta que estén tiernas. Retírelas del fuego y déjelas enfriar.

Vierta el arroz en un colador, mójelo con agua fría, póngalo en un cazo y agregue la leche, el azúcar y la vainilla. Ponga el cazo al fuego y cocine la mezcla revolviendo de vez en cuando durante 45 minutos o hasta conseguir una crema espesa. Apártelo del fuego, deje enfriar la crema de arroz y mézclela con los yogures. Vierta el preparado en un recipiente, preferiblemente de cristal, y alise la superficie (2).

2

Escurra las peras, quíteles el corazón y córtelas en gajos finos. Colóquelos sobre el arroz y reserve.

Prepare la gelatina siguiendo las instrucciones del fabricante y déjela

3

enfriar hasta que esté cremosa. Viértala sobre el postre (3) e introdúzcalo en el frigorífico hasta que esté cuajado.

Tiempo de realización: 1 hora 30 minutos	Calorías por ración: 151

Postre de pomelos

Ingredientes para 4 personas:

2 o 3 pomelos (toronjas) grandes
1 1/2 cucharadas de gelatina en polvo sin sabor
2 yogures descremados
4 cucharadas de azúcar
2 claras de huevo
Unas hojitas de hierbabuena

Exprima los pomelos hasta obtener 400 ml de zumo. Diluya la gelatina en un poquito de éste, mézclela con el zumo restante e introdúzcala en el frigorífico hasta que comience a tomar consistencia pero sin llegar a cuajar completamente.

Mientras tanto, bata los yogures con el azúcar hasta que éste se disuelva. Bata las claras a punto de nieve y mézclelas con los yogures preparados, con movimientos envolventes.

Por último, cuando la gelatina esté medio cuajada, mézclela con el preparado anterior, vierta todo en copas individuales y déjelo enfriar nuevamente. Sirva el postre decorándolo, si lo desea, con gajos de pomelo y las hojitas de hierbabuena.

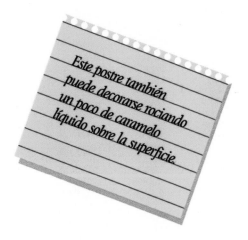

Este postre también puede decorarse rociando un poco de caramelo líquido sobre la superficie.

Tiempo de realización: 15 minutos   Calorías por ración: 127

Postres y dulces

El arte de la repostería proporciona continuamente grandes satisfacciones a quienes lo practican. La presencia de tartas, pasteles, ensaladas de frutas, helados, etc. en las mesas, tanto en momentos especialmente festivos como a diario, proporciona un toque especial al hábito social de compartir la comida. Varios son los factores que permiten obtener buenos resultados en las prácticas reposteras. En primer lugar, es fundamental respetar las proporciones indicadas de ingredientes y también los tiempos de cocción y las temperaturas. Es importante señalar que no todos los hornos funcionan de la misma manera y que tan sólo la práctica le revelará el punto exacto para lograr el éxito en la presentación de su obra de repostería. Otro punto muy importante a tener en cuenta es el de la calidad de los productos: huevos frescos, harinas de calidad y bien tamizadas, frutas en perfecto estado, etc. Realmente, las posibilidades a nuestro alcance son innumerables. Podemos optar tanto por postres autóctonos como por aquellos que, procedentes de otros países y gracias a la asombrosa repercusión de los medios de co-

municación, se han convertido en habituales en nuestra cocina. Sin embargo, recuerde que cada operación requiere su tiempo y debe dedicársele todo el que sea necesario. Una recomendación a tener en cuenta es la de tener preparados y pesados los ingredientes unos 20 minutos antes de comenzar la elaboración de la receta. De esta forma, se adaptarán a la temperatura ambiente y facilitarán el trabajo. Esta recomendación, sin embargo, no es válida en el caso del hojaldre y de la masa quebrada. Tampoco lo es en la preparación de los merengues, pues es preferible que las claras de huevo estén a baja temperatura. Otra medida conveniente es la de lavar bien las naranjas y los limones cuando vayamos a utilizar sus cáscaras para aromatizar. En algunos casos puede haber restos de insecticidas o simplemente cera.

En general, es conveniente enharinar ligeramente tanto las superficies de trabajo, como el rodillo de amasar. También es recomendable untar con aceite o mantequilla las placas y moldes que vayan a contener masas con poca grasa. En el caso de los bizcochos, en cambio, debe engrasar al menos la base del molde. Por otro lado, en la preparación de los hojaldres es muy recomendable rociar previamente la placa con agua muy fría. Siga las instrucciones y obtendrá sin duda los resultados deseados.

Moldes, recipientes y utensilios

*Para la correcta realización de las tartas
resulta muy conveniente contar con los elementos auxiliares adecuados.
Salvo contadas excepciones, estos recipientes y utensilios
no son excesivamente caros y en cambio
facilitan en gran manera el trabajo, permitiendo obtener
unos resultados altamente satisfactorios.*

Los moldes de vidrio tratado ofrecen excelentes posibilidades para la realización de toda clase de postres, así como una limpieza fácil y cómoda. También son muy prácticos si desea preparar la receta en un horno microondas.

En el caso de los moldes metálicos, es conveniente disponer de aquellos que se encuentran revestidos de una cobertura antiadherente como el tefal o el teflón. También son muy prácticos los de cierre lateral, así como los de aluminio de un solo uso.

Un peso, un recipiente graduado para medir los líquidos y un juego de medidores para sólidos nos permitirán determinar con exactitud las cantidades necesarias para cada receta.

Existen diferentes tipos de coladores y cedazos que se utilizan para tamizar el azúcar, la harina o recoger las telillas de las yemas de huevo. Esta operación contribuye a una mejor realización de las tartas.

Si no se dispone de una superficie lisa para amasar, es conveniente adquirir una tabla de cocina lo más grande posible. Los rodillos se comercializan de diferentes formas y tamaños.

Para las operaciones de batido, existen diferentes tipos de batidoras manuales. En la preparación de masas y helados, son también útiles las moldeadoras y las espátulas de distintos materiales.

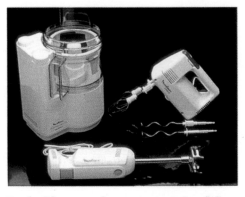

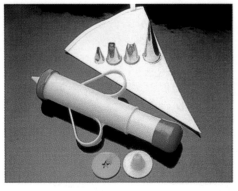

Las batidoras modernas, ya sean tipo "plancha" o de varilla, ofrecen una ayuda insustituible en la cocina. También los "robots" son de gran utilidad por su gran versatilidad y eficacia.

Las mangas pasteleras, bien sean de tipo tradicional, de tela, o del estilo "churrera", son imprescindibles para las variadas ornamentaciones de las tartas.

Existe una gran variedad de elementos complementarios, tales como los cortadores de pasta, los descorazonadores y vaciadores de frutas, y los cortadores de formas especiales, que son muy útiles en la preparación de los elementos decorativos que complementan las recetas.

Las mejores recetas

Hojaldres de piña

Ingredientes para 4 personas:
- ✓ 250 g de hojaldre descongelado
- ✓ 1 1/2 tazas de leche
- ✓ Un trozo de cáscara de limón
- ✓ 3 yemas de huevo
- ✓ 6 cucharadas de azúcar
- ✓ 1 cucharada de maicena (fécula de maíz)
- ✓ 1 cucharada de margarina vegetal
- ✓ 6 rodajas de piña (ananá) en almíbar
- ✓ 2 cucharadas de coco rallado
- ✓ 12 guindas confitadas

1

Caliente la leche junto con la cáscara de limón y, antes de que hierva, retírela y déjela enfriar ligeramente. Mientras tanto, bata las yemas de huevo con el azúcar y la maicena **(1)**.

A continuación, incorpore la leche sin la cáscara de limón, y cocínela sin dejar de revolver, para que no hierva, hasta que espese. Retire la mezcla del fuego y continúe revolviendo para que se enfríe.

2

Extienda el hojaldre y córtelo en 4 rectángulos **(2)**. Colóquelos en una placa de horno engrasada con la margarina vegetal, pinche el hojaldre con un tenedor, ponga un peso encima e introduzca todo en el horno, precalentado a 205° C (400° F), durante 15 minutos.

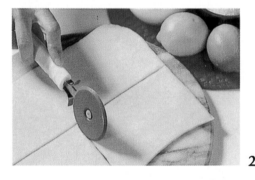

3

Por último, reparta la crema sobre los hojaldres cocinados, corte las rodajas de piña por la mitad y colóquelas sobre la crema **(3)**, decore con las guindas y el coco, y sirva.

Tiempo de realización: 40 minutos	Calorías por ración: 497

Pastel de avellanas

Ingredientes para 6 personas:
50 g de mantequilla
200 g de azúcar
3 huevos
100 g de harina
1 cucharada de levadura en polvo (polvo de hornear)
2 cucharadas de chocolate en polvo
100 g de avellanas molidas
250 g de nata montada (crema de leche batida)
Avellanas tostadas para la decoración

Vierta en un recipiente la mantequilla y el azúcar y trabájelos enérgicamente hasta que se forme una mezcla suave y homogénea. Agregue los huevos y vuelva a mezclarlo todo.

A continuación, ponga en otro recipiente la harina junto con la levadura, el chocolate y las avellanas molidas. Revuelva todo bien, añada la mezcla de huevos y mantequilla y bata todos los ingredientes hasta que la mezcla quede homogénea.

Seguidamente, engrase un molde de bizcocho y vierta en él la mezcla. Introdúzcala en el horno, precalentado a 180° C (350° F), y cocínela durante 45 minutos. Pinche el pastel con una aguja y si ésta sale limpia es que está cocido. Desmóldelo y déjelo enfriar.

Por último, abra el bizcocho por la mitad y rellénelo con nata. Déle su forma original y decórelo con la nata restante y las avellanas.

Tiempo de realización: 1 hora   Calorías por ración: 498

Gelatina con frutas

Ingredientes para 6 personas:
150 g de azúcar
5 yemas de huevo
2 cucharadas de maicena (fécula de maíz)
500 ml de zumo (jugo) de ciruelas (claudias)
1 sobre de gelatina de limón en polvo
Unas gotas de colorante alimenticio verde

Para el relleno:
La pulpa de medio melón cortada en bolitas
2 melocotones (duraznos) cortados en cubitos
250 g de moras (zarzamoras)
150 g de frambuesas (frutillas)
2 cucharadas de azúcar
1 copa de ron

Mezcle en una cacerola el azúcar y las yemas de huevo. Agregue la maicena y la mitad del zumo de ciruela, revuelva todo bien y cocine, sin dejar de revolver, hasta que se forme una crema, procurando que no hierva en ningún momento. Aparte la crema del fuego y resérvela.

A continuación, disuelva la gelatina en un poco de zumo e incorpórela a la crema preparada junto con el zumo restante y el colorante. Mezcle todo bien, vierta la mezcla en un molde de corona y déjela en el frigorífico hasta el día siguiente, para que esté bien cuajada.

Al día siguiente, prepare todas las frutas, mézclelas con el azúcar y el ron y déjelas macerar durante 2 horas.

Por último, desmolde la gelatina, rellene el hueco central con las frutas y decórela al gusto antes de servir.

Tiempo de realización: 30 minutos   Calorías por ración: 213

Mousse de chocolate

Ingredientes para 4 personas:
150 g de chocolate rallado
2 cucharadas de leche
50 g de mantequilla
50 g de azúcar
4 huevos, separadas las yemas de las claras
Nata montada (crema de leche batida) al gusto

Ponga el chocolate junto con la leche en un recipiente y cocine a fuego lento hasta que el chocolate se derrita. Retírelo del fuego e incorpore la mantequilla y el azúcar, revolviendo para que la mezcla sea homogénea.

A continuación, añada las yemas de huevo, una a una, sin dejar de revolver. Deje enfriar la mezcla.

Seguidamente, bata las claras a punto de nieve firme, e incorpórelas a la mezcla de chocolate fría con movimientos envolventes para que las claras no se bajen.

Por último, introduzca la mousse en el frigorífico y sírvala decorándola con nata montada o al gusto.

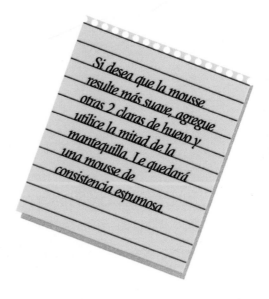

Si desea que la mousse resulte más suave, agregue otras 2 claras de huevo y utilice la mitad de la mantequilla. Le quedará una mousse de consistencia espumosa.

Tiempo de realización: 30 minutos   Calorías por ración: 492

Corona de chocolate

Ingredientes para 6 personas:

100 g de chocolate sin leche cortado en trocitos
500 ml de leche
4 yemas de huevo
6 cucharadas de azúcar
1 sobre de gelatina sin sabor en polvo
500 g de nata montada (crema de leche batida) con azúcar
3 kiwis cortados en rodajas

Ponga en un cazo el chocolate con 3 cucharadas de leche y cocínelo al baño María hasta que se derrita completamente. Revuélvalo bien y resérvelo.

A continuación, bata las yemas con el azúcar. Añada la leche restante, mezcle todo bien y viértalo en una cacerola. Cocine la mezcla sin dejar de revolver, para que no hierva, hasta que se forme una crema ligera. Apártela del fuego.

Seguidamente, diluya la gelatina en un poquito de agua hirviendo, incorpórela a la crema junto con el chocolate derretido y bata todo bien. Vierta la mezcla en un molde de corona, introdúzcala en el frigorífico y déjela reposar un mínimo de 3 horas para que esté completamente cuajada.

Por último, desmolde la corona sobre una bandeja, rellene el centro con la nata montada y decórela con los kiwis y la nata restante.

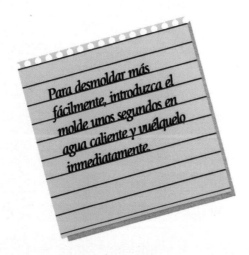

Para desmoldar más fácilmente, introduzca el molde unos segundos en agua caliente y vuélquelo inmediatamente.

Tiempo de realización: 25 minutos   Calorías por ración: 567

202

Gaznates

Ingredientes para 6 personas:
- ✓ *6 yemas de huevo*
- ✓ *1 cucharada de brandy (cognac)*
- ✓ *Harina de trigo*
- ✓ *1 cucharada de manteca de cerdo (cochino, chancho)*
- ✓ *Abundante aceite vegetal para freír*
- ✓ *300 g de dulce de leche (leche condensada cocida)*

Bata las yemas en un cuenco hasta que queden blanquecinas y espumosas; añada el brandy, mézclelo todo y agregue harina, poco a poco, hasta obtener una masa que no se pegue a las manos. Derrita la manteca, incorpórela a la masa y trabájela unos minutos más.

Seguidamente, extienda la masa con el rodillo sobre una superficie enharinada hasta conseguir una lámina fina y corte, con un cuchillo o un cortador de pasta, rectángulos de 6 x 4 cm **(1)**.

A continuación, humedezca dos esquinas de cada rectángulo, en diagonal, y únalas presionando con los dedos para que se adhieran bien.

Caliente el aceite en una sartén grande al fuego, fría los gaznates hasta que estén bien dorados **(2)** y retírelos con una espumadera.

Por último, déjelos enfriar, rellénelos con el dulce de leche **(3)** y sírvalos.

Tiempo de realización: 30 minutos	Calorías por ración: 300

Tarta de moras

Ingredientes para 4 personas:
1 huevo
2 cucharadas de azúcar
1 cucharada de maicena (fécula de maíz)
1 taza de leche
200 g de moras (zarzamoras) hechas puré
El zumo (jugo) de media naranja
La ralladura de media naranja
2 cucharadas de gelatina de frambuesa en polvo
1 taza de nata (crema de leche) líquida
150 g de bizcochos de soletilla (soletas)
1 copa de licor

Para la decoración:
Nata montada (crema de leche batida)
50 g de moras (zarzamoras)

Bata el huevo con el azúcar y la maicena. Agregue la leche, poco a poco, y cocine sin dejar de revolver para que no hierva hasta que se forme una crema. Cuele el puré de moras y agréguelo a la crema preparada junto con el zumo y la ralladura de naranja.

A continuación, disuelva la gelatina en 2 cucharadas de agua hirviendo. Reserve 2 cucharadas de la gelatina resultante y añada el resto a la crema.

Seguidamente, bata la nata e incorpórela al preparado. Introduzca éste en el frigorífico durante 1 hora.

Por último, cubra el fondo de un molde desmontable con la gelatina reservada y fórrelo con los bizcochos empapados en el licor. Trocee los bizcochos restantes y llene el molde, alternando con la crema preparada. Ponga el molde en el frigorífico hasta el momento de servir. Desmolde la tarta y decórela con la nata y las moras.

Tiempo de realización: 30 minutos   Calorías por ración: 379

Bizcocho Sara

Ingredientes para 4 personas:
1 yogur de coco
El envase del yogur lleno de azúcar
4 huevos
El envase del yogur lleno de aceite de oliva
El envase del yogur lleno de harina
El envase del yogur lleno de coco rallado
1 sobre de levadura en polvo (polvo de hornear)
1 cucharadita de mantequilla

En un cuenco amplio, bata el azúcar con los huevos, hasta conseguir una mezcla blanquecina y espumosa. Agregue el aceite y el yogur de coco, revolviendo constantemente hasta que la mezcla quede homogénea.

A continuación, mezcle la harina con el coco rallado y la levadura e incorpore la mezcla al preparado anterior, revolviendo con una cuchara de madera hasta obtener una crema ligera y homogénea.

Seguidamente, engrase un molde con la mantequilla, vierta en él la mezcla e introdúzcalo en el horno, precalentado a 180° C (350° F), durante 45 minutos. Para comprobar si el bizcocho está cocido, pinche en el centro con una aguja, que deberá salir limpia.

Por último, desmóldelo y sírvalo espolvoreado de coco rallado.

<u>Nota:</u> Para la realización de este bizcocho, se ha tomado como medida el envase del yogur de coco.

Tiempo de realización: 1 hora   Calorías por ración: 479

Peras en hojaldre

Ingredientes para 4 personas:

1 l de agua
1/2 limón
1 rama de hierbabuena
2 peras peladas
1 cucharada de uvas pasas (uvas secas)
1 cucharada de miel
1 plancha de hojaldre descongelado
1 yema de huevo
1 cucharadita de leche
2 cucharadas de yogur
Unas gotas de kirsch
2 cucharadas de mermelada roja
1 cucharada de zumo (jugo) de limón

Ponga una cacerola al fuego con el agua, el limón y la hierbabuena y cuando rompa el agua a hervir, agregue las peras peladas y cocínelas durante 3 minutos.

Mientras tanto, mezcle las pasas con la miel y reserve.

A continuación, estire la masa de hojaldre sobre una superficie enharinada. Corte las peras por la mitad, quíteles las semillas y el corazón y rellene el hueco con las pasas con miel. Coloque las peras boca abajo sobre el hojaldre y recórtelo, dejando un sobrante alrededor de 1 cm y formando el rabo de una pera y unas hojitas en la parte superior.

Seguidamente, bata la yema con la leche y barnice el hojaldre con la mezcla. Coloque el hojaldre sobre una placa de horno e introdúzcalo en el horno, precalentado a 180º C (350º F), durante 10 minutos o hasta que esté bien dorado.

Por último, coloque las peras en platos individuales. Mezcle el yogur con el licor, la mermelada y el zumo de limón, decore con esta mezcla los platos y sirva las peras calientes o frías.

Tiempo de realización: 25 minutos   Calorías por ración: 269

Charlota de plátanos

Ingredientes para 6 personas:

5 plátanos (bananos, cambures) cortados en rodajas finas
4 cucharadas de ron
1 1/2 tazas de leche
16-18 bizcochos de soletilla (soletas)
3 yemas de huevo
1 taza de azúcar
2 cucharadas de maicena (fécula de maíz)
6 cucharadas de leche caliente
Esencia de vainilla (opcional)
1 taza de nata montada (crema de leche batida) con azúcar
2 claras de huevo a punto de nieve (turrón)

Forre un molde alto con papel de aluminio y reserve.

A continuación, mezcle el ron con la leche, remoje la parte interior de los bizcochos y forre con ellos el molde, con la parte húmeda hacia dentro. Trocee los bizcochos restantes.

Seguidamente, ponga en un cazo las yemas de huevo con el azúcar y la maicena. Bátalas e incorpore, sin dejar de batir, la leche y la vainilla. Cocine la mezcla a fuego lento, sin dejar de revolver para que no hierva, hasta que espese. Retírela del fuego y déjela enfriar.

Rellene el molde formando capas alternas de plátanos, crema y bizcochos troceados, hasta que esté lleno. Introdúzcalo en el frigorífico.

Por último, mezcle la nata con las claras batidas. Desmolde la charlota y decórela con el chantilly preparado.

Tiempo de realización: 30 minutos   Calorías por ración: 470

Cascos de naranja

Ingredientes para 4 personas:
- ✓ 4 naranjas
- ✓ Una pizca de sal
- ✓ 2 tazas de agua
- ✓ 2 tazas de jugo de naranja
- ✓ 3 tazas de azúcar
- ✓ 3-4 ramitas (astillas) de canela

Ralle las naranjas y reserve la ralladura para otra preparación. Extraiga el jugo de las naranjas y córtelas en gajos (1).

A continuación, póngalas en una olla, cúbralas con agua, añada sal y cocine durante 30 minutos. Escúrralas, lávelas y déjelas en remojo durante 8 horas, cambiando el agua de vez en cuando, hasta que quede transparente.

Seguidamente, ponga las 2 tazas de agua, el jugo de naranja, el azúcar y la canela en una olla (2) y cocine a fuego lento, durante 1 hora o hasta obtener un almíbar espeso.

Por último, añada las naranjas escurridas (3) y cocine hasta que absorban parte del almíbar. Déjelas enfriar y sírvalas.

1

2

Tiempo de realización: 2 horas	Calorías por ración: 333

Tarta de chocolate

Ingredientes para 6 personas:
100 g de mantequilla
100 g de azúcar
3 huevos
100 g de harina
50 g de chocolate en polvo
50 g de almendras molidas
1 cucharadita de levadura en polvo (polvo de hornear)

Para la cobertura:
200 g de chocolate fondant
1 cucharada de mantequilla
2 cucharadas de nata (crema de leche) líquida

Bata la mantequilla junto con el azúcar, si es posible con la batidora, para que quede muy cremosa. Sin dejar de batir, agregue los huevos, de uno en uno, e incorpore la harina, el chocolate, las almendras y la levadura.

A continuación, engrase un molde con mantequilla, vierta en él la mezcla preparada e introduzca en el horno, precalentado a 180° C (350° F), durante 35 o 40 minutos. Pinche la tarta con una aguja y si sale seca y limpia, es que está cocinada. Retírela del horno, desmóldela y déjela enfriar sobre una rejilla.

Mientras tanto, prepare la cobertura: derrita el chocolate en un cazo al fuego junto con la mantequilla. Retire del fuego y, sin dejar de batir, incorpore la nata líquida, hasta obtener una crema homogénea.

Por último, cubra el bizcocho con la crema de chocolate preparada, dejándolo enfriar hasta que se forme una costra. Decórelo al gusto y sirva.

Tiempo de realización: 1 hora   Calorías por ración: 570

Frutas con natilla

Ingredientes para 4 personas:
500 ml de vino tinto
Un trozo de cáscara de limón
100 g de azúcar
1 clavo de olor
1 ramita (astilla) de canela
4 ciruelas (claudias) amarillas peladas
8 ciruelas (claudias) rojas peladas
200 g de cerezas (guindas, picotas)
3 melocotones (duraznos) pelados
1 taza de natilla
Almendras picadas

Ponga en una cacerola el vino junto con la cáscara de limón, el azúcar, el clavo de olor y la canela. Revuelva todo para que el azúcar se disuelva y cocine a fuego lento durante unos minutos, sin dejar de mover con una cuchara de madera.

A continuación, incorpore las frutas y cocine durante 10 minutos. Retire las ciruelas y las cerezas de la cacerola y cocine los melocotones durante 10 minutos más. Retire las frutas del vino y déjelas enfriar. Corte los melocotones en gajos.

Seguidamente, cubra el fondo de 4 platos con una fina capa de natilla. Distribuya sobre ella las frutas, espolvoréelas con las almendras picadas y sírvalas templadas.

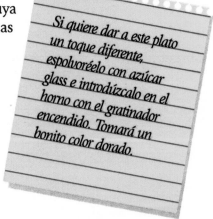

Si quiere dar a este plato un toque diferente, espolvoréelo con azúcar glass e introdúzcalo en el horno con el gratinador encendido. Tomará un bonito color dorado.

Tiempo de realización: 35 minutos   Calorías por ración: 287

Bavaroise de coco

Ingredientes para 4 personas:
3 yemas de huevo
6 cucharadas de azúcar
1/2 cucharadita de maicena (fécula de maíz)
500 ml de leche
2 cucharadas de ron
60 g de coco rallado
150 g de nata montada (crema de leche batida)
1 1/2 sobres de gelatina disuelta en 1/2 taza de agua
Frutas al gusto

Bata las yemas junto con el azúcar, la maicena y la leche. Vierta la mezcla en una cacerola y cocine a fuego lento, al baño María, sin dejar de revolver para que no hierva, hasta que el preparado espese y tenga la consistencia de una crema.

A continuación, retírelo del fuego, agregue el ron y el coco rallado, mezcle bien y deje enfriar.

Seguidamente, incorpore la nata y la gelatina disuelta en el agua, bata todo bien y viértalo en un molde. Introduzca éste en el frigorífico durante 3 o 4 horas para que quede bien cuajado.

Por último, desmolde la bavaroise sobre una fuente de servir, decore con frutas o al gusto y sirva.

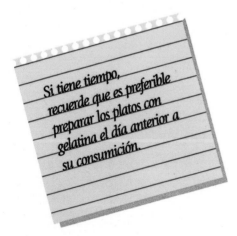

Si tiene tiempo, recuerde que es preferible preparar los platos con gelatina el día anterior a su consumición.

Tiempo de realización: 20 minutos   Calorías por ración: 533

Postre de moras

Ingredientes para 6 personas:

350 g de moras (zarzamoras)
350 g de azúcar
1 taza de agua
1 cucharadita de mantequilla
1/2 taza de leche
3 cucharadas de Cointreau
8 bizcochos de soletilla (soletas) cortados en trocitos
Canela en polvo

Lave bien las moras y hágalas puré en la batidora. Pase el puré por un chino o pasapurés para que quede sin pepitas.

A continuación, ponga el puré en una cacerola, añada el azúcar, el agua y la mantequilla y cocine, revolviendo constantemente con una cuchara de madera hasta que la compota tome consistencia y se despegue del fondo y de las paredes de la cacerola. Retírela del fuego y déjela enfriar.

Seguidamente, mezcle en una taza la leche y el Cointreau. Reparta los trocitos de bizcocho en el fondo de 6 copas y rócíelos con la mezcla de leche. Cubra con la compota de moras y deje reposar.

Por último, unos minutos antes de servir, espolvoree la superficie del postre con la canela en polvo.

Puede preparar este postre cambiando las zarzamoras por otra fruta de verano a su gusto: frambuesas, grosellas, etc.

Tiempo de realización: 50 minutos   Calorías por ración: 430

Tarta de Santiago

Ingredientes para 10-12 personas:
✓ 125 g de mantequilla
✓ 4 huevos
✓ 4 cucharadas de agua
✓ La ralladura de 1 limón
✓ 250 g de azúcar
✓ 175 g de harina
✓ 250 g de almendras molidas

Para la decoración:
✓ 1 cucharada de azúcar glass
   (glacé, impalpable)

Unte con mantequilla un molde y enharínelo ligeramente. En un cazo derrita la mantequilla al baño María.

Bata en un cuenco los huevos junto con el agua, hasta obtener una mezcla suave y esponjosa. Agréguele la ralladura de limón y el azúcar **(1)**. Incorpore la mantequilla derretida y templada, y continúe batiendo unos minutos más hasta que todos los ingredientes formen una masa homogénea. Añada, poco a poco, la harina previamente tamizada **(2)** y las almendras molidas, y mezcle delicadamente.

A continuación, vierta la masa preparada en el molde **(3)** y cocine en el horno precalentado a 180° C (350° F), durante 40 minutos. Retírela del horno, déjela enfriar 5 minutos y desmóldela.

Por último, decore la tarta con el azúcar glass y, si lo desea, sírvala acompañada de salsa de frambuesa o nata batida.

Tiempo de realización: 1 hora	Calorías por ración: 328

Corona de albaricoques

Ingredientes para 6 personas:
3 cucharadas de cacao (cocoa) en polvo
500 ml de leche fría
5 huevos
250 g de azúcar
1 cucharada de mantequilla
200 ml de nata (crema de leche) líquida
3 cucharadas de azúcar glass (glacé, impalpable)
4 albaricoques (chabacanos) partidos por la mitad y sin hueso

Disuelva el cacao en un vaso de leche y reserve. Vierta la leche restante en una cacerola y deje que dé un hervor. Agregue el cacao disuelto en la leche, revuelva bien, retire del fuego y deje enfriar ligeramente.

Mientras tanto, bata los huevos con el azúcar y cuando la leche con cacao esté templada, incorpórela a la mezcla de huevos.

A continuación, engrase un molde de corona con la mantequilla. Vierta en él la mezcla preparada e introdúzcala en el horno precalentado, cocinando el flan al baño María, durante 40 minutos. Retírelo y déjelo enfriar.

Seguidamente, bata la nata, añadiéndole poco a poco el azúcar glass, sin dejar de batirla hasta que esté consistente.

Por último, desmolde el flan sobre una fuente de servir. Rellene el hueco central con la nata preparada y coloque por encima, de manera decorativa, los albaricoques.

Si quiere que la corona le quede más compacta, antes de verter el preparado en el molde, añádale 3 o 4 bizcochos de soletilla mojados en leche.

Tiempo de realización: 50 minutos   Calorías por ración: 457

Tarta de naranja

Ingredientes para 6 personas:

150 g de mantequilla
150 g de azúcar
4 huevos
200 g de harina
2 cucharadas de levadura en polvo (polvo de hornear)
La ralladura de media naranja
El zumo (jugo) de 2 naranjas
Caramelo para el molde hecho con 3 cucharadas de azúcar
1 naranja cortada en aros

Para el almíbar:
1 tacita de agua
El zumo (jugo) de 3 naranjas
175 g de azúcar

Trabaje la mantequilla junto con el azúcar hasta obtener una pasta homogénea. Agregue los huevos, de uno en uno, hasta que estén bien incorporados.

A continuación, mezcle la harina y la levadura y agréguelas a la crema anterior junto con la ralladura de naranja.

Seguidamente, caramelice un molde redondo, vierta en él el preparado anterior e introdúzcalo en el horno, precalentado a 180° C (350° F), durante 45 minutos. Desmóldelo y colóquelo en una fuente honda.

Mientras se cocina el bizcocho, ponga todos los ingredientes del almíbar en un recipiente y cocínelo durante 10 minutos hasta que espese.

Por último, desmolde el bizcocho y vierta el almíbar sobre él, lentamente para que lo absorba bien, decórelo con los gajos de naranja o al gusto y sírvalo.

Tiempo de realización: 55 minutos   Calorías por ración: 620

Postre de café

Ingredientes para 4 personas:
1 tacita de leche
1 cucharada de café soluble
4 huevos, separadas las claras de las yemas
1 cucharada de maicena (fécula de maíz)
50 g de azúcar
1 tacita de café bien cargado
Edulcorante líquido al gusto (opcional)
200 g de nata montada (crema de leche batida)

Caliente la leche y disuelva en ella el café soluble.

A continuación, bata las yemas e incórporelas a la leche con café, junto con la maicena, el azúcar y la tacita de café cargado. Ponga todo al fuego y cocínelo sin dejar de revolver, para que no hierva, hasta que la mezcla espese. Retire el recipiente del fuego, sumerja parte de éste en agua fría y continúe revolviendo para cortar la cocción. Pruebe la crema y agréguele, si lo desea, edulcorante artificial.

Mientras la crema se enfría, bata las claras a punto de nieve firme y mézclelas con la nata.

Seguidamente, incorpore el batido a la crema de café y mezcle todo con movimientos envolventes para que la nata no se baje. Deje enfriar el preparado en el frigorífico.

Por último, reparta el postre en 4 copas y, si lo desea, decórelo con más nata o al gusto.

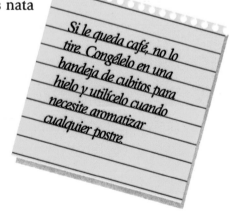

Si le queda café, no lo tire. Congélelo en una bandeja de cubitos para hielo y utilícelo cuando necesite aromatizar cualquier postre.

Tiempo de realización: 30 minutos   Calorías por ración: 318

Corona de crema

Ingredientes para 4 personas:
3 tazas de leche
1 ramita (astilla) de canela
4 huevos
1 lata pequeña de leche condensada
1 cucharada de mantequilla
500 g de fresones (fresas, frutillas) pequeños
100 g de chocolate fundido
50 g de azúcar

Vierta la leche en un cazo, agregue la canela y cocine a fuego lento durante 5 minutos, con cuidado para que no se derrame. Retírela del fuego y déjela enfriar ligeramente.

Mientras tanto, bata los huevos. Cuando la leche esté tibia, retire la canela e incorpore los huevos batidos junto con la leche condensada. Revuelva todo bien hasta conseguir una mezcla homogénea.

A continuación, engrase un molde con la mantequilla, vierta en él el preparado anterior y cocínelo al baño María, en el horno, durante 40 minutos o hasta que esté cuajado. Retire del horno y deje enfriar.

Seguidamente, escoja unos fresones pequeños y sumerja las puntas en el chocolate fundido. Déjelos enfriar para que el chocolate se solidifique y haga un puré con los restantes fresones, endulzándolo con el azúcar.

Por último, desmolde la corona, vierta en el centro el puré de fresón y decore con los fresones con chocolate.

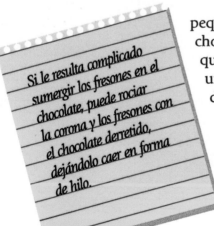

Si le resulta complicado sumergir los fresones en el chocolate, puede rociar la corona y los fresones con el chocolate derretido, dejándolo caer en forma de hilo.

Tiempo de realización: 55 minutos   Calorías por ración: 387

Postre de melocotón

Ingredientes para 8 personas:

- ✓ 1 lata de 1 kg de melocotones (duraznos) en almíbar
- ✓ 1 lata de 500 g de leche condensada
- ✓ 1 sobre de gelatina sin sabor en polvo
- ✓ 1 taza de leche
- ✓ 1 copa de ron u otro licor al gusto
- ✓ 10 bizcochos de soletilla (soletas)
- ✓ 1 cucharada de mantequilla
- ✓ 2 tazas de nata montada (crema de leche batida)

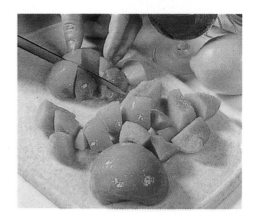

Corte 2 melocotones en gajos y resérvelos. Trocee los melocotones restantes **(1)** y hágalos puré en una batidora. Viértalo en un recipiente grande, añada la leche condensada **(2)** y revuelva bien.

Disuelva la gelatina en 2 cucharadas de leche caliente e incorpórela a la mezcla preparada.

Ponga la leche con el ron en un plato hondo y empape ligeramente los bizcochos. Engrase un molde de corona con mantequilla y vierta en él la mitad del puré preparado. Reparta los bizcochos troceados **(3)** y cúbralos con el resto de la crema. Introduzca el molde en el frigorífico 4 o 5 horas hasta que esté cuajado.

Vierta la nata en una manga pastelera, desmolde el postre y decórelo con la nata y los melocotones reservados, o al gusto.

Tiempo de realización: 30 minutos   Calorías por ración: 628

Empanadillas de chocolate

Ingredientes para 6 personas:
1 vaso de aceite
La cáscara de un limón (sólo la parte amarilla)
400 g de harina
1 vaso de vino blanco
Una pizca de sal
50 g de azúcar
Aceite abundante para freír

Para el relleno:
500 ml de leche
4 cucharadas de chocolate en polvo o rallado
4 cucharadas de azúcar
2 cucharadas de maicena (fécula de maíz)

Caliente el vaso de aceite en una sartén y fría la cáscara de limón durante 10 minutos. Aparte del fuego y deje enfriar. Retire la cáscara de limón del aceite.

A continuación, ponga la harina en un recipiente, agregue el vino, la sal y el aceite frío y amase hasta obtener una pasta homogénea. Reserve.

Seguidamente, vierta la leche en una cacerola, reservando media taza. Añada el chocolate y el azúcar y caliente, revolviendo la mezcla con una cuchara de madera. Cuando vaya a empezar a hervir, incorpore la maicena diluida en la leche reservada, y cocine hasta que se forme una crema. Viértala en un plato y déjela enfriar.

Extienda la masa y haga unas obleas circulares. Ponga en el centro de cada oblea una cucharada de crema de chocolate, dóblela por el centro y apriete los bordes para que no se salga el relleno.

Por último, caliente abundante aceite en una sartén y fría las empanadillas hasta que estén doradas. Retírelas con una espumadera y déjelas escurrir sobre papel absorbente. Espolvoréelas con el azúcar y sírvalas templadas o frías.

Tiempo de realización: 45 minutos   Calorías por ración: 581

Flan de huevo

Ingredientes para 4 personas:
500 ml de leche
100 g de azúcar
1 tira de cáscara de limón
1 ramita (astilla) de canela
5 huevos

Para el caramelo:
75 g de azúcar
5 cucharadas de agua

Para la decoración:
200 g de nata montada (crema de leche batida)
4 cerezas (guindas) en almíbar

Prepare el caramelo. Vierta en una flanera el azúcar y el agua, ponga a fuego lento para que el azúcar se disuelva y haga un caramelo. Cuando empiece a tomar color, retírelo y mueva el molde para que se caramelicen uniformemente el fondo y las paredes. Deje reposar.

A continuación, mezcle en un recipiente la leche con el azúcar. Agregue la cáscara de limón y la canela, caliente todo al fuego hasta casi el punto de ebullición y retírelo.

Seguidamente, deseche el limón y la canela e incorpore a la leche los huevos batidos.

Por último, vierta el preparado en la flanera y cocine al baño María durante aproximadamente 45 minutos, hasta que el flan esté cuajado.

Déjelo enfriar, desmóldelo y adórnelo con la nata montada y las cerezas en almíbar.

Tiempo de realización: 55 minutos   Calorías por ración: 426

Bizcocho maimón

Ingredientes para 8 personas:
12 huevos, separadas las claras de las yemas
500 g de azúcar
La ralladura de 1 limón
250 g de harina
250 g de maicena (fécula de maíz)
1 cucharada de manteca de cerdo (cochino, chancho)
2 cucharadas de azúcar glass (glacé, impalpable)

Ponga en un recipiente grande las yemas con el azúcar y la ralladura de limón y bata todo hasta que haya aumentado de volumen y tenga una textura espumosa y blanquecina. Agregue la harina y la maicena y revuelva bien hasta conseguir una pasta homogénea.

A continuación, bata las claras a punto de nieve e incorpórelas a la mezcla anterior.

Seguidamente, engrase con la manteca un molde alto, preferentemente de corona, y vierta en él el preparado anterior. Introdúzcalo en el horno, precalentado a 180° C (350° F), durante 30 o 35 minutos hasta que esté cocido y dorado.

Por último, retírelo del horno, déjelo enfriar, desmóldelo sobre una fuente, espolvoréelo con azúcar glass y sirva.

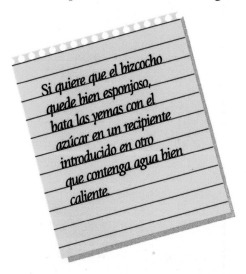

Si quiere que el bizcocho quede bien esponjoso, bata las yemas con el azúcar en un recipiente introducido en otro que contenga agua bien caliente.

Tiempo de realización: 55 minutos   Calorías por ración: 450

Roscón de reyes

Ingredientes para 8 personas:
30 g de levadura de panadero
1/2 taza de leche templada
500 g de harina
50 g de mantequilla, previamente derretida
La ralladura de 1/2 limón
1 cucharadita de agua de azahar
Frutas escarchadas (confitadas) al gusto
250 g de nata montada (crema de leche batida)
1 figurita de cristal o porcelana, para la sorpresa

Disuelva la levadura en la leche templada y reserve. Ponga la harina en un recipiente, haga un hueco en el centro y vierta en él la levadura disuelta en la leche, la mantequilla derretida, la ralladura de limón y el agua de azahar. Mezcle todo cuidadosamente y amáselo con las manos hasta obtener una masa homogénea. Haga una bola, colóquela en un recipiente previamente enharinado, tápelo y deje reposar durante 30 minutos en un lugar templado.

A continuación, voltee la masa, golpeándola varias veces contra la mesa, déle forma de corona y colóquela sobre una placa de horno.

Seguidamente, introduzca por uno de los lados la sorpresa y decore toda la superficie con las frutas escarchadas. Introduzca el preparado en el horno, precalentado a 180° C (350° F), durante 40 minutos, hasta que suba y esté dorado.

Por último, retire el roscón del horno, déjelo enfriar, córtelo por la mitad en sentido horizontal y rellénelo con la nata montada.

Tiempo de realización: 1 hora   Calorías por ración: 372

Tarta tutti fruti

Ingredientes para 6 personas:

Para el bizcocho:
- ✓ *80 g de mantequilla*
- ✓ *100 g de azúcar*
- ✓ *2 huevos*
- ✓ *75 g de harina mezclada con 1 cucharada de levadura en polvo (polvo de hornear) y la ralladura de 1 naranja*
- ✓ *100 g de albaricoques (chabacanos) secos, picados*
- ✓ *50 g de frutas escarchadas (confitadas) picadas*

Para la crema de mantequilla:
- ✓ *75 g de mantequilla*
- ✓ *150 g de azúcar glass (glacé, impalpable)*
- ✓ *1 cucharada de zumo (jugo) de naranja*

Para la decoración:
- ✓ *Unas rodajas de naranja*
- ✓ *Unas cerezas (guindas) confitadas*

Bata enérgicamente la mantequilla con el azúcar. Agregue los huevos, sin dejar de batir hasta que la mezcla esté esponjosa, e incorpore la harina con la levadura y la ralladura. Cuando la mezcla esté homogénea, añada las frutas **(1)**. Unte con mantequilla un molde redondo, cubra la base con papel vegetal y vierta la masa. Introduzca el preparado en el horno, precalentado a 180° C (350° F), durante 50 minutos. Desmóldelo sobre una rejilla y déjelo enfriar.

Prepare la crema de mantequilla: trabaje la mantequilla con el azúcar glass y el zumo de naranja **(2)** hasta obtener una crema homogénea.

Cuando el bizcocho esté frío, colóquelo sobre una fuente y cúbralo con la crema de mantequilla. Adorne la tarta con la naranja **(3)** y las cerezas e introdúzcala en el frigorífico, hasta el momento de servir.

Tiempo de realización: 1 hora   Calorías por ración: 357

Quesada balear

Ingredientes para 8 personas:
400 g de harina
6 cucharadas de aceite
1 copita de aguardiente de anís
1 copita de agua
4 huevos
400 g de requesón (queso fresco)
400 g de azúcar
Unas hojitas de hierbabuena
2 cucharadas de azúcar glass (glacé, impalpable)

Ponga la harina en un recipiente junto con el aceite, el anís y el agua y mezcle hasta formar una masa ligera y homogénea. Extiéndala forrando el fondo y los laterales de un molde desmontable. Reserve.

A continuación, casque los huevos en el vaso de la batidora, añada el requesón, el azúcar y la hierbabuena y bata todo lentamente hasta que esté bien mezclado.

Seguidamente, vierta el batido en el molde preparado e introdúzcalo en el horno, precalentado a 165° C (325° F), durante unos 40 minutos o hasta que el pastel esté cocido y la superficie dorada. Retire la quesada del horno y déjela enfriar.

Por último, desmóldela, espolvoree la superficie con azúcar glass y decórela al gusto antes de servir.

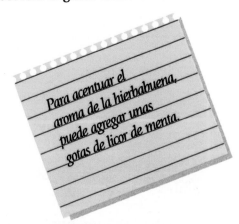

Para acentuar el aroma de la hierbabuena, puede agregar unas gotas de licor de menta.

Tiempo de realización: 55 minutos   Calorías por ración: 570

Pestiños

Ingredientes para 8 personas:
500 ml de aceite de oliva
La cáscara de 1 naranja
1 cucharada de ajonjolí (semillas de sésamo)
1 cucharada de anises
500 g de harina
La ralladura de 1 limón
1 vasito de vino blanco
1 vasito de agua
Una pizca de sal
1 cucharada de canela molida
250 ml de miel

Caliente el aceite en una sartén, agregue la cáscara de naranja junto con el ajonjolí y los anises y fría todo a fuego lento durante 30 minutos, hasta que el aceite haya tomado bien el sabor. Cuélelo y déjelo enfriar.

A continuación, ponga la harina en un recipiente. Haga un hueco en el centro y añada la ralladura de limón, el vino, el agua, la sal, la canela y 2 vasitos del aceite frito y frío. Mezcle todo bien y trabájelo hasta formar una masa ligera.

Seguidamente, enharine un rodillo y estire la masa hasta que tenga un espesor de 1 cm. Córtela en tiras estrechas y largas, dóblelas y fríalas en el aceite restante, calentado de nuevo.

Por último, ponga la miel en una cacerola pequeña, agregue 1/2 vaso de agua y deje hervir a fuego lento durante 10 minutos hasta formar un almíbar. Bañe con él los pestiños preparados y sirva.

Tiempo de realización: 1 hora   Calorías por ración: 586

Rosquillas fritas

Ingredientes para 8 personas:
2 cucharaditas de anises
1 vaso de agua
100 g de mantequilla
4 huevos
300 g de azúcar
1 cucharada de levadura en polvo (polvo de hornear)
4 cucharadas de leche
1 copita de aguardiente de anís
Una pizca de sal
La ralladura de 1/2 limón
700 g de harina
Abundante aceite, para freír
2 cucharadas de azúcar glass (glacé, impalpable)

Cocine los anises con el agua hasta que el líquido se reduzca a la mitad. Cuele y reserve.

A continuación, derrita la mantequilla y añádale los huevos, el azúcar y la levadura. Revuelva todo bien, agregue la leche, el líquido de hervir los anises, el aguardiente, la sal y la ralladura de limón. Trabaje la mezcla con una espátula e incorpore poco a poco la harina hasta conseguir una pasta correosa.

Seguidamente, espolvoree con harina una mesa o superficie de trabajo, ponga en ella la masa y déle forma de cilindro, procurando que quede recubierta de harina. Corte el cilindro en rodajas de 2 cm de grosor y forme las rosquillas.

Por último, fríalas en abundante aceite caliente, hasta que estén doradas por ambos lados. Escúrralas sobre papel absorbente de cocina y espolvoréelas con el azúcar glass antes de servir.

Tiempo de realización: 40 minutos   Calorías por ración: 578

Nidos sorpresa

Ingredientes para 4 personas:
3 claras de huevo
125 g de azúcar glass (glacé, impalpable)
Una pizca de sal
Unas gotas de zumo (jugo) de limón
2 naranjas
2 kiwis
250 g de frambuesas (frutillas)
1 taza de crema pastelera o natilla

Ponga las claras en un cuenco y bátalas con una batidora manual o eléctrica. Cuando comiencen a estar espumosas y blanquecinas, agregue 100 g de azúcar, una pizca de sal y el zumo de limón, y continúe batiendo hasta que las claras estén a punto de nieve bien firme.

A continuación, ponga el merengue en una manga pastelera con boquilla rizada y forme los nidos separados entre sí, sobre una placa de horno, previamente engrasada. Espolvoréelos con el azúcar restante y cocínelos en el horno, precalentado a 120° C (250° F), durante dos horas. Retírelos del horno y déjelos enfriar.

Mientras tanto, pele las naranjas y separe los gajos sin la piel que los recubre. Pele los kiwis, córtelos en rodajas y trocee éstas. Lave las frambuesas y escúrralas muy bien. Reparta la crema pastelera en el fondo de los nidos y coloque las frutas encima de forma decorativa.

Tiempo de realización: 2 horas 30 minutos   Calorías por ración: 404

Frituras de plátano

Ingredientes para 6 personas:
- ✓ 4 plátanos (bananos, cambures)
- ✓ 5 cucharadas de harina
- ✓ 2 cucharadas de maicena (fécula de maíz)
- ✓ 1 taza de azúcar
- ✓ 1/2 taza de leche
- ✓ 1 huevo batido
- ✓ El zumo (jugo) de 1 limón
- ✓ Aceite para freír
- ✓ Azúcar glass (glacé, impalpable), para la decoración

Caliente agua en una cazuela al fuego, cuando comience la ebullición, incorpore los plátanos previamente pelados y deje que den un hervor. Escúrralos y séquelos. Póngalos en un recipiente y tritúrelos hasta convertirlos en puré. Agregue la harina y la maicena y revuelva todo bien.

A continuación, incorpore el azúcar y la leche **(1)**, poco a poco, revolviendo hasta que la mezcla quede homogénea.

Seguidamente, añada el huevo batido **(2)** y el zumo de limón y mezcle.

Por último, caliente abundante aceite en una sartén al fuego y fría la masa, a cucharadas **(3)**. Deje escurrir sobre servilletas de papel para eliminar el exceso de aceite, espolvoréelas con azúcar glass y sirva.

Tiempo de realización: 20 minutos   Calorías por ración: 208

Crema catalana

Ingredientes para 4 personas:

750 ml de leche
La cáscara de 1/2 limón
6 huevos
300 g de azúcar
2 cucharadas de maicena (fécula de maíz)

Vierta la leche en un cazo grande. Lave la cáscara de limón, viértala en el cazo y ponga éste al fuego.

Mientras tanto, bata los huevos en un recipiente junto con 250 g de azúcar. Cuando la mezcla esté espumosa, añada la maicena, previamente disuelta en un poco de agua fría, y continúe batiendo hasta obtener una mezcla homogénea y sin ningún grumo.

Cuando la leche comience a hervir, incorpore el batido de huevos, poco a poco, revolviendo constantemente con un batidor para que la mezcla no se pegue al fondo del recipiente, y cocine durante unos 3 o 4 minutos hasta que espese, pero cuidando que no hierva, pues las yemas se cuajarían.

Cuando la crema esté en su punto, viértala en cazuelitas individuales de barro o en una fuente honda.

Déjela enfriar, espolvoréela con el azúcar restante y tueste la superficie con una plancha caliente hasta que esté caramelizada.

No se precipite y deje la plancha al fuego bastante tiempo para que esté bien caliente, pues de ello dependerá que el caramelo salga mejor.

Tiempo de realización: 20 minutos   Calorías por ración: 525

Torta de batata

Ingredientes para 6 personas:

1 kg de batatas (boniatos, camotes, ñames) cocinadas y hechas puré
3 cucharadas de mantequilla
1 taza de leche
1 cucharada de canela en polvo
Una pizca de sal
4 huevos batidos
2 cucharadas de panela raspada
500 g de queso fresco (de prensa) rallado

Vierta en un recipiente grande el puré de batatas. Añada la mantequilla y la leche y revuelva todo bien.

A continuación, incorpore la canela y la sal. Agregue los huevos de uno en uno y, sin dejar de revolver, incorpore la panela y el queso, batiendo hasta que todo esté bien mezclado.

Seguidamente, vierta el preparado en un molde engrasado e introdúzcalo en el horno, precalentado a 165° C (325° F), durante 30 minutos.

Por último, retire la torta del horno, desmóldela y decore la superficie con guindas y tiras de batata, o al gusto.

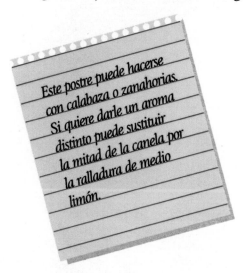

Este postre puede hacerse con calabaza o zanahorias. Si quiere darle un aroma distinto puede sustituir la mitad de la canela por la ralladura de medio limón.

Tiempo de realización: 40 minutos	Calorías por ración: 530

Plátanos flambeados al ron

Ingredientes para 4 personas:
4 plátanos (bananos, cambures) grandes y maduros
El zumo (jugo) de 1 limón
2 cucharadas de mantequilla
1 copa de ron
2 cucharadas de azúcar
Nata montada (crema de leche batida)

Pele los plátanos y córtelos por la mitad en sentido longitudinal. Rocíelos con el zumo de limón y reserve.

A continuación, derrita la mantequilla en una sartén y fría los plátanos hasta que estén dorados.

Seguidamente, ponga el ron en un recipiente, añada el azúcar y caliéntelo bien.

Por último, coloque los plátanos en los platos de servir y decórelos con la nata montada. Prenda el ron con un fósforo, flambee los plátanos y sírvalos de inmediato.

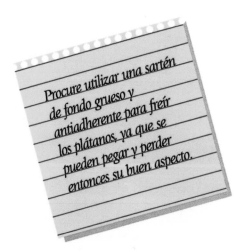

Procure utilizar una sartén de fondo grueso y antiadherente para freír los plátanos, ya que se pueden pegar y perder entonces su buen aspecto.

Tiempo de realización: 15 minutos   Calorías por ración: 235

Leche frita

Ingredientes para 6 personas:
10 cucharadas de azúcar
12 cucharadas de harina
500 ml de leche
1 cucharadita de mantequilla
2 huevos
Aceite abundante para freír
2 cucharadas de canela en polvo

Vierta en una sartén grande 7 cucharadas de azúcar y 10 de harina, mezcle bien y agregue la leche, poco a poco, revolviendo constantemente. Ponga la sartén al fuego, añada la mantequilla y cocine, sin dejar de revolver, hasta que espese y se forme una masa consistente.

A continuación, moje una fuente y, sin secarla, vuelque en ella la masa preparada. Déjela enfriar completamente.

Seguidamente, bata los huevos en un plato y, en otro, ponga la harina restante. Corte la masa fría en trocitos, páselos por la harina, después por el huevo batido y a continuación, fríalos en abundante aceite caliente, hasta que estén dorados.

Por último, coloque la leche frita en una bandeja, espolvoréela con el azúcar restante mezclada con la canela y sirva.

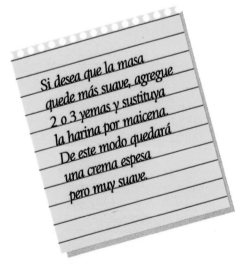

Si desea que la masa quede más suave, agregue 2 o 3 yemas y sustituya la harina por maicena. De este modo quedará una crema espesa pero muy suave.

Tiempo de realización: 30 minutos   Calorías por ración: 294

Huevos Princesa

Ingredientes para 8 personas:
- ✓ 6 yemas de huevo
- ✓ 1 cucharadita de levadura en polvo (polvo de hornear)
- ✓ 1 cucharada de mantequilla
- ✓ 1 taza de agua
- ✓ 1 taza de azúcar
- ✓ Unas gotas de limón
- ✓ 1 cucharada de uvas pasas (uvas secas)
- ✓ 1 ramita (astilla) de canela
- ✓ 10 almendras picadas

1

Ponga las yemas en un recipiente, añada la levadura y bata, con un batidor de varillas (1), hasta que doblen su volumen.

A continuación, engrase un molde con la mantequilla, vierta en él los huevos batidos (2) y cocine al baño María hasta que se cuajen. Pínchelos con una aguja y si ésta sale seca y limpia, es que están cuajados. Deje enfriar y desmolde.

2

Mientras tanto, ponga en un recipiente al fuego el agua, el azúcar y el zumo de limón y cocine, a fuego lento y revolviendo suavemente, hasta que se forme un almíbar.

A continuación, corte los huevos cuajados en trozos y póngalos en una fuente de servir. Añada las pasas, la canela y las almendras y rocíe todo con el almíbar para que se empapen bien (3).

3

| Tiempo de realización: 35 minutos | Calorías por ración: 131 |

Tartaletas de fresas

Ingredientes para 4 personas:
Para la masa:
150 g de harina
2 cucharadas de agua fría
75 g de mantequilla o margarina
1 yema de huevo
Una pizca de sal

Para el relleno:
400 g de fresas (frutillas)
2 tazas de crema pastelera
Azúcar glass (glacé, impalpable)

Ponga la harina en forma de volcán sobre una superficie de trabajo, vierta en el agujero central el agua, añada la mantequilla, la yema de huevo y la sal y mezcle todo con la punta de los dedos hasta obtener una masa, trabajándola lo menos posible. Envuélvala en plástico transparente de cocina e introdúzcala en el refrigerador durante 30 minutos.

A continuación, ponga la masa en una superficie de trabajo enharinada y extiéndala con el rodillo, hasta obtener una lámina de 1/2 cm de grosor. Divídala en 4 y forre el fondo y las paredes de 4 moldes de tartaletas. Pinche toda la masa con un tenedor e introduzca en el horno, precalentado a temperatura media, durante unos 30 minutos. (Para que la masa no suba, es conveniente cubrir el fondo del molde con papel de aluminio y colocar un puñadito de legumbres secas en su interior). Cuando las tartaletas estén cocidas, desmóldelas y déjelas enfriar.

Mientras tanto, lave las fresas y trocéelas si éstas fueran demasiado grandes.

Seguidamente, reparta la crema pastelera entre las 4 tartaletas y coloque encima las fresas.

Por último, espolvoree la superficie con el azúcar glass y sírvalas adornadas con unas hojitas de hierbabuena o al gusto.

Tiempo de realización: 40 minutos   Calorías por ración: 451

Magdalenas

Ingredientes para 6 personas:
100 g de mantequilla ablandada
100 g de azúcar
La ralladura de 1 limón
2 huevos
100 g de harina
1 cucharadita de levadura en polvo (polvo de hornear)

Trabaje la mantequilla junto con el azúcar, hasta obtener una crema suave y esponjosa.

A continuación, agregue la ralladura de limón e incorpore los huevos, de uno en uno, batiendo entre cada adición.

Seguidamente, añada, poco a poco, la harina tamizada con la levadura, mezclando delicadamente.

Por último, llene las 2/3 partes de unos moldecitos de papel con la masa. Coloque los moldecitos en una placa y cocínelos en el horno, precalentado a 180° C (350° F), durante unos 20 minutos, hasta que las magdalenas estén bien doradas. Retírelas del horno y déjelas enfriar.

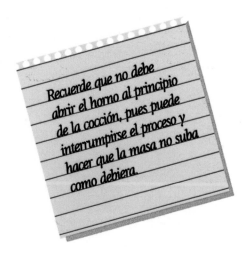

Recuerde que no debe abrir el horno al principio de la cocción, pues puede interrumpirse el proceso y hacer que la masa no suba como debiera.

Tiempo de realización: 40 minutos   Calorías por ración: 256

Torrijas

Ingredientes para 6 personas:
1 barra de pan asentado cortado en rebanadas
500 ml de leche fría
150 g de azúcar
3-4 huevos
Abundante aceite para freír

Para la decoración:
2 cucharadas de azúcar
1 cucharadita de canela molida

Vierta en un plato hondo la leche fría, agregue el azúcar y revuelva todo bien. En un cuenco aparte, bata los huevos.

A continuación, sumerja las rebanadas de pan, de una en una, en la leche azucarada y deje que se empapen, primero de un lado y luego del otro, durante unos segundos, cuidando que no absorban demasiado líquido para evitar que se deshagan durante la cocción. Escúrralas, páselas por el huevo batido y fríalas en abundante aceite caliente hasta que estén doradas.

Por último, ponga las torrijas sobre papel absorbente de cocina y espolvoréelas con el azúcar, previamente mezclado con la canela molida. Colóquelas en una fuente y sírvalas calientes.

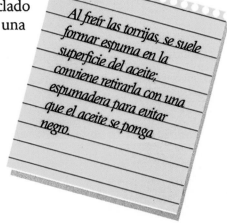

Al freír las torrijas, se suele formar espuma en la superficie del aceite; conviene retirarla con una espumadera para evitar que el aceite se ponga negro.

| Tiempo de realización: 30 minutos | Calorías por ración: 286 |

Pastel de fresas

Ingredientes para 8 personas:
- ✓ 250 g de harina
- ✓ 2 cucharadas de nueces molidas
- ✓ 125 g de mantequilla
- ✓ 2 yemas de huevo
- ✓ 500 g de fresas (frutillas)
- ✓ 2 cucharadas de almíbar mezclado con mermelada roja
- ✓ 200 g de nata montada (crema de leche batida) con azúcar

Para el manjar blanco:
- ✓ 500 ml de leche
- ✓ 3 cucharadas de harina
- ✓ 200 g de azúcar
- ✓ 1 ramita (astilla) de canela

1

2

Ponga la harina sobre una superficie lisa dándole forma de volcán. Añada las nueces, la mantequilla y las yemas (1) y trabaje todo hasta formar una masa. Haga una bola y déjela reposar en el refrigerador durante 30 minutos.

Mientras tanto, prepare el manjar blanco. Disuelva la harina en la leche, añada el azúcar y la canela y cocine la mezcla, sin dejar de revolver, hasta que espese. Déjela enfriar.

A continuación, extienda la masa con el rodillo y forre un molde bajo (2). Pinche el fondo de masa con un tenedor e introduzca en el horno, precalentado a 205° C (400° F), hasta que la masa esté cocinada. Retírela del horno y, una vez fría, cubra el fondo con el manjar blanco. Coloque por encima las fresas (3) y barnice todo con el almíbar para que dé brillo. Decore el pastel con la nata y sirva.

3

Tiempo de realización: 45 minutos	Calorías por ración: 502

Postre de papaya

Ingredientes para 6 personas:

3 papayas medianas
4 claras de huevo
2 sobres de gelatina sin sabor
1/2 taza de agua caliente
1 1/2 tazas de leche
1 limón verde (lima)

Corte las papayas longitudinalmente y reserve media para la decoración. Extraiga con cuidado todas las pepitas y deséchelas.

A continuación, retire la pulpa con una cucharilla y hágala puré con la ayuda de una batidora.

Seguidamente, bata las claras a punto de nieve e incorpórelas al puré de papaya. Disuelva la gelatina en el agua caliente y añádala al puré junto con la leche. Mezcle todo bien, viértalo en un molde e introdúzcalo en el frigorífico durante 5 o 6 horas, hasta que esté bien cuajado.

Por último, desmolde el postre y decórelo con la papaya reservada y el limón en rodajas.

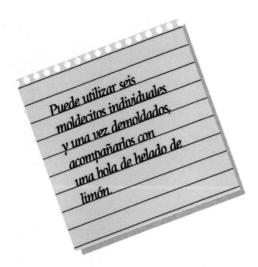

Puede utilizar seis moldecitos individuales y una vez, demoldados, acompañarlos con una bola de helado de limón.

Tiempo de realización: 15 minutos   Calorías por ración: 71

Tarta de peras

Ingredientes para 8 personas:
2 huevos
100 g de azúcar
100 g de mantequilla derretida
100 g de harina
Una pizca de sal
1 cucharadita de levadura en polvo (polvo de hornear)
3 peras medianas
1 manzana

Para la decoración:
2 peras
Un trozo de cáscara de limón
1 cucharada de azúcar
100 g de mermelada de albaricoque (chabacano)
1 cucharadita de zumo (jugo) de limón
1 hoja de gelatina sin sabor

Bata los huevos junto con el azúcar en un cuenco grande, hasta obtener una mezcla blanquecina y espumosa. Incorpore la mantequilla derretida, revuelva bien y agregue la harina mezclada con la sal y la levadura. Bata todo hasta conseguir una crema homogénea.

A continuación, pele las peras y la manzana, retire los corazones y córtelas en rebanadas finas. Añádalas a la crema preparada y mezcle todo con cuidado.

Seguidamente, engrase un molde con mantequilla, vierta en él la mezcla preparada y cocínela en el horno, precalentado a 180° C (350° F), durante 1 hora. Desmóldela y déjela enfriar.

Mientras tanto, pele las peras de la decoración, córtelas por la mitad, retire los corazones y cocínelas en agua hirviendo con la cáscara de limón y el azúcar durante 15 o 20 minutos, hasta que estén tiernas. Retírelas del agua, córtelas en rebanadas finas y colóquelas sobre la tarta.

Por último, caliente la mermelada con el zumo de limón y la hoja de gelatina, hasta que esta última se disuelva, deje enfriar y bañe la tarta con este preparado.

Tiempo de realización: 1 hora 40 minutos	Calorías por ración: 304

Brazo de reina de mango

Ingredientes para 4 personas:
3 huevos, separadas las yemas de las claras
4 cucharadas de azúcar
2 cucharadas de harina
2 cucharadas de maicena (fécula de maíz)

Para la crema de mango:
2 mangos medianos
3 hojas de gelatina
2 cucharadas de azúcar glass (glacé, impalpable)
3 cucharadas de ginebra

Ponga en un recipiente las yemas de huevo y el azúcar y bata todo con batidora eléctrica, durante 10 o 15 minutos, hasta que doblen su volumen. Agregue la harina y la maicena y mezcle todo bien.

A continuación, bata las claras a punto de nieve e incorpórelas a la mezcla anterior. Engrase una lata de horno con mantequilla, espolvoréela con harina y vierta en ella el preparado, dejándolo en una capa fina. Cocínelo al baño María en el horno, precalentado a 205° C (400° F), durante 15 minutos.

Mientras tanto, pele los mangos, trocee la pulpa y hágala puré. Ponga la gelatina en remojo y cuando pierda rigidez, disuélvala en un cazo al fuego junto con un poco de puré de mango. Incorpore al puré de mango la gelatina disuelta, el azúcar y la ginebra, mezcle todo bien y déjelo enfriar en el frigorífico para que tome consistencia.

Por último, desmolde el bizcocho en cuanto esté cocinado, póngalo sobre un trapo húmedo, rellénelo con la crema de mango y enróllelo con la ayuda del trapo, dejándolo envuelto en él. Cuando esté frío, desenvuélvalo con cuidado, e introdúzcalo en el frigorífico hasta el momento de servir.

Tiempo de realización: 50 minutos   Calorías por ración: 273

ÍNDICE

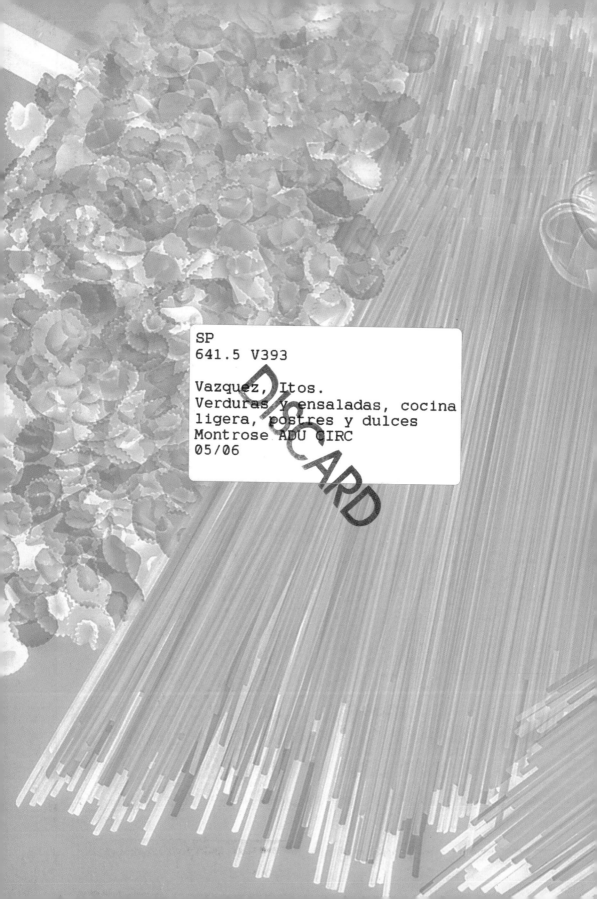